成事有道

湖湘家训里的精进法则

张四连———— 编著

岳麓書社·长沙

前　言

　　无论是社会，还是个人，见贤思齐、踔厉奋发，是永恒的话题。

　　如何唤醒我们内心的驱动力？如何突破自我，助力人生勇毅前行？如何积攒寸进之功，迸发人生创造力之光？

　　做人之道即成事之道。

　　曾国藩训诫儿子，做人之道，不外乎敬、恕二字；做好小事，是实现人生进阶的不二法门。

　　王夫之认为读书医俗，从精神上摆脱庸俗习气，重视气节的培养和自我修正，完善人格，立身行事才有根基。

　　胡林翼提出知行合一，须在人事上多加磨炼，不浮不躁，谨慎节制，担当有为。

　　彭玉麟主张成事之道在于进退有度，刚柔并用，修炼宽广的胸襟。

　　……

　　这些湖湘风云人物，在家训中留下了许多嘉言懿行，是其精神生活的缩影，也精准还原了他们勤于耕读而心怀天下的生命现场。他们写下的一纸一笺，像一道道精心烹饪的菜肴，调和诸味，融入身心，不仅激励了家族子弟，亦鼓舞了无数后来者。

《成事有道：湖湘家训里的精进法则》收录的湖湘名人家训，自北宋理学鼻祖周敦颐写给侄儿的手帖开篇，至影响一代伟人毛泽东的《韶山毛氏家训》结束，内容涉及修身立德、勤勉治家、精进学问等诸多方面，集中展现了湖湘家风的独特风貌，浸润着湖湘文化的精神品格。见字如面，这些湖湘名人——

他们为人勤俭忠厚，处世谦恭守礼，也嘱咐家人持身清正，自省敛抑。

他们教导儿孙如何平衡学业与前程，将志在学先的高远理想与足履实地融为一体。

他们督促湖湘后学关心社会民生，也分享逸闻趣事，让湖湘学子在垂功立事的道路上通达明慧，日日自新。

这些家训摒弃了空洞的理论说教，过滤了生命的平庸浮躁，睿智朴实而接地气，它历经时间的淘洗，在岁月中淬火升华并焕发出新时代的光彩。一篇篇注入温情叮咛、蕴藏生命智慧的家训，是亲切鲜活的教材，引领着我们穿越时空隧道，与湖湘先辈抵足谈心，让受挫者获得慰藉安抚，让自律者更加勤勉精进，谋有道之生，以勃发的生命热情放歌抒怀，人生才能臻于佳境。

寄望青年，便是寄望未来。如何培养德才兼备的新时代人才，关乎社会未来图景，是一个润物无声的过程，重在引领和启发。

湖湘名人在家训中所凝聚的思想内核，从本质上来说，起着精神向导的教化作用，是滋养心魂的养料。他们求真务实、俭以养德的行事作风激励我们慎思笃行、践履致远；他们自强不息、敢为人先的锐意进取精神，激励无数后辈应时而变、挺身担当；他们所倡导的读书亲仁、以才学兴家，恰恰契合了当下知识改变命运、创造价值的思想导向。

"吾尝终日而思矣，不如须臾之所学也。"优秀的湖湘家风传统包容却不守旧，创新突破却守正固本，它勉励我们立身求道，也教会我们认真生活，解答了自我成长过程中的切身问题，以小文章彰显大手笔。

人生如逆水行舟，不进则退。在人生道路上，唯有不断精进自我，方能行而不辍，以奋斗之我，追梦不休。品读湖湘名人家训，在时间的坐标上追寻湖湘先辈不灭的精神薪火，可以帮助我们找准人生目标，获得正向激励，百尺竿头，不断进步，成为更好的自己。

目录

视荣华如梦幻，视死辱为常事

周敦颐

周敦颐（1017—1073），字茂叔，道州营道（今湖南道县）人，世称"濂溪先生"。

周敦颐是北宋五子之一，公认的宋儒理学创始人，著名的文学家、哲学家和教育家，有《爱莲说》《太极图说》《通书》《周元公集》等作品流传于世。

周敦颐生前名声并不显赫，程颢、程颐二弟子受业其门下，及至受朱熹和宋理宗的大力推崇褒奖，其"上承洙泗，下启洛闽"的理学宗主地位才得以确立。周敦颐为官清正，其学问品行，不外乎"清廉"二字，后来者俱不能及。黄庭坚称其"人品甚高，胸怀洒落，如光风霁月。廉于取名而锐于求志，薄于徼福而厚于得民，菲于奉身而燕及茕嫠，陋于希世而尚友千古"。

周敦颐出仕为官，每到一处都大力兴教办学，大量的湖湘学人深受其影响，他的教育思想，重在劝人向善，以精进德业为教育目的，提出了"改过迁善""进德修业""务实""心泰则无不足""立诚"等修养身心方面的命题与观念，为后世教育者开辟了新的道路。

《任所寄乡关故旧》这首诗，周敦颐写于永州通判任上。侄儿周仲章前来看望，临别之际，周敦颐写下这首七律与侄儿。此诗道出了周敦颐一生为官不改君子气节、内修圣人之德、谨守清廉品行的立身之道，以此勉励和教育侄儿及家人节制物欲，保持勤俭节约的生活作风。

任所寄乡关故旧¹

老子生来骨性寒²，宦情³不改旧儒酸⁴。

停杯厌饮香醪味，举箸常餐淡菜盘。⁵

事冗⁶不知筋力⁷倦，官清赢得梦魂⁸安。

故人欲问吾何况，为道舂陵⁹只一般。

注释

1 任所寄乡关故旧：此句据清代张伯行编辑的《周濂溪先生全集》原注为：
"先生迁尚书虞部员外郎，复任永州通判，仲章侄至任归，诗与之云。"

2 骨性寒：犹有傲骨，指不与世俗同流合污。

3 宦情：做官的志趣、意愿。《晋书·阮裕传》："吾少无宦情，兼拙于人
间。"

4 儒酸：犹寒酸。形容读书人贫窘之态。

5 停杯厌饮香醪味，举箸常餐淡菜盘：醇香的美酒，并不是我所追求的，因此
停下手中的酒杯；一日三餐，粗茶淡饭于我才合适。香醪，美酒。箸，筷子。

6 事冗：繁忙的事务。

7 筋力：亦作"精力"，犹体力。

8 梦魂：古人以为人的灵魂在睡梦中会离开肉体，故称"梦魂"。

9 舂陵：古零陵郡，代指周敦颐做官的家乡永州。

解读

生活简朴，节欲以清心

周敦颐积极入世，外修君子德政，悲悯关怀老百姓，内求理想人格的完满，特别注重道德教化。他认为清明的政治是化育百姓的前提。诗的开篇指出，他为官从政鞠躬尽瘁，至老风骨凛然，"迂腐"的书生本色依旧，这不免具有自嘲的意味，但他用意明显，希望将寡欲与拙朴的价值取向传递给家族子弟，并通过融入家庭教育，践履于日常生活当中。

诗歌提及自己平时不喜欢喝美酒，厌恶珍馐美味，只要粗茶淡饭的朴实生活便能满足。追求感官享受乃人之常情，但周敦颐安贫乐道，颇享孔颜之乐，似乎是对孟子"养心莫善于寡欲"的节欲思想的贯彻遵循。"厌""常"二字，都足以表现他不慕奢华、崇尚节俭的生活态度。这即是从侧面训导侄儿及亲人，做官、治家、修身都应该持身清正并保持俭朴的生活作风，节欲以清心，奢靡尤不可取。

周敦颐在南昌做知县的时候，有一次得怪病，险些暴毙身亡，一天一夜后又活过来了。家人收拾他的"遗物"之时，发现他随身携带的箱子里只有两件破衣服和几本旧书。周敦颐为后世树立的清廉榜样，是儒家美政理想的范本。以善政安民，以清白的操守示人，正是他留给侄儿仲章等家族子弟最好的财富。

"故人欲问吾何况，为道舂陵只一般。"意思是说，当亲朋故旧问起"我"的近况，只需告诉他们"我"在"舂陵"跟个普通人一样，没什么不同。此等简单朴实的回复，足见周敦颐的低调谦逊。

生活简朴，是中华民族的传统美德。现代社会物质生活极其丰富，很多人甚至认为节俭不过是件可有可无的"小事"，好逸恶劳、沉迷于物质享受，以致"啃老族""巨婴"等社会问题层出不穷。勤则不匮，俭则不费，"勤俭"二字实成家之本也。勤俭不仅是治家的根本，也应该是新时代青少年的立身之源。

拙赋

或谓予曰："人谓子拙。"予曰："巧，窃[1]所耻也，且患[2]世多巧也。"喜而赋之。

巧者言，拙者默；巧者劳，拙者逸；[3]巧者贼，拙者德；巧者凶，拙者吉。[4]呜呼！天下拙，刑政彻，上安下顺，风清弊绝[5]。

注释

1 窃：谦辞，指自己。

2 患：担忧，忧虑。

3 巧者言，拙者默；巧者劳，拙者逸：投机取巧者用花哨语言迷惑人，而拙者真诚务实；投机取巧者工于心计因此劳累，而守拙者没有私心杂念，所以遇事泰然。

4 巧者贼，拙者德；巧者凶，拙者吉：投机取巧者德行有亏，是精神上的小偷，而守拙之人是人人推崇的高尚君子；做多了投机取巧之事，必然会招致凶险，而守拙者凡事无愧于人，处世自然能吉祥如意。

5 风清弊绝：形容政治、社会风气良好，没有贪污舞弊等坏事发生。

坚守朴拙，求真务实

《拙赋》写于周敦颐任永州通判时期。据史料记载，周敦颐写毕《拙赋》，交给侄儿周仲章带回家乡，在亲族之间广为传阅，起到深刻的教育启示作用。这篇短文只有短短40个字，加上序25字，总共也只有65字，文字虽简洁，内涵却精深。他训诫家人守住朴拙之道，切莫投机取巧，这样便可以减少犯错并完善自己的德行。

周敦颐一生勤于政事，清廉无私，内心记挂百姓疾苦，不敢有丝毫倦怠，做人做事但求不负本心。

后人为了纪念周敦颐，在永州通判厅的后面建了一座名为"康功堂"的祠堂，并将《拙赋》刻于石碑之上。

晋代文学家潘岳在《闲居赋》中总结自己步入官场三十年来，多次被免职和流放，卷入党争招致牵连的经历。曾经信奉"唯生与位，谓之大宝"的他，晚年看透世情，感慨自己不擅长做官，是一介向往闲居生活的拙者而已，充满对仕途不顺的无奈之情。相比之下，周敦颐同样为官三十余年，却将圣人之学作为毕生最高追求，他笔下的《拙赋》既是对前贤道德理想的继承，更是一种对理想社会的诉求，他希望将"守拙"所蕴含的丰富内涵与世俗教化完美相结合。在他看来，"守拙"饱含顺其自然，行不言之教的韵味。

《拙赋》开篇抛出中心话题"人谓子拙",周敦颐似乎很满意大家对他的这个评价,为政守拙是他一生恪守的行动指南,对他而言,这更近乎天道,能让心灵处于虚静无欲的状态,可以免受外界的干扰。

与"拙"相对的是"巧"。周敦颐担心世人追求取巧而影响世风民风。他认为,巧者善以花哨语言迷惑人,而拙者真诚务实;巧者工于心计因此劳累,而拙者没有私心杂念,所以遇事泰然。

周敦颐告诫家人及亲族子弟,守拙就是要摒弃对虚名的追求,去掉华而不实的机心,规规矩矩做事,踏踏实实做人。周敦颐一生勤政爱民,兢兢业业为老百姓办实事,官阶不过县令、州判等职位,也许与他不懂得逢迎权贵,过于"守拙"有关。也正因此,他深受百姓拥戴和喜爱,在地方上治绩突出,赢得了"操行清修,才术通敏,凡所临莅,皆有治声"的清誉。

周敦颐提倡的"守拙"思想理念,侧重对个人德行的规范,属于道德化育范畴,对于当今青少年的教育具有重要的指导意义,对于培养清正的良好社会风气也能起到推动作用。

与仲章¹侄手帖²

仲章：夏热，计新妇男女安健³。我此中与叔母、季老、通老、韩姐、善善以下并安。

近递中得先公加赠官诰，赠谏议大夫，⁴家门幸事。汝备酒果香茶，诣坟前告闻先公谏议也。未相见，千万好将息，不具⁵。叔颐付仲章，六月十四日。

诸处书，立便使周一父子送去。叔母、韩姐传语：汝与新妇侄儿侄女各计安好，将息⁶，将息！百一、百二附兄嫂起居之间，善善与新妇安安安。汝切不得来！不得来！周三翁夫妻安否？周一父子看守坟茔⁷小心否？周幼二安否？何如也？

注释

1 仲章：周敦颐长兄周砺的儿子。

2 手帖：手写的书信。

3 安健：平安健康。

4 近递中得先公加赠官诰，赠谏议大夫：周敦颐的父亲周辅成曾任贺州桂岭县令，后朝廷褒赠其为谏议大夫，葬道州营道县营乐乡钟乐里楼田。

5 不具：不一一详说，古时常用于书信结尾处。

6 将息：调养身体，保养。

7 坟茔：坟墓。

解读

孝亲睦邻，行事举止有度

周敦颐作为理学开山鼻祖，上承孔孟儒学，下启宋明理学，他不仅自己追求圣贤之境，且孜孜以求立己达人。他长期的教学实践，对促进年轻后学的道德完善起到极为重要的作用。

周敦颐不仅察乎天地，于长幼人伦、孝亲睦邻等生活细节亦存温厚的敬惜之心。在这封家信中，他询问家乡先人墓地看守得是否尽心尽力，敬奉先祖神明的果品是否周备，并向家族中长辈挨个问安，特别嘱咐族中子弟要和睦相处。

周敦颐希望家族子弟戒奢靡、惜福安贫，过普通人的生活。将普通人的生活过好，知易行难，却是治家之要。

周敦颐以廉明刚直著称，格外注重厚人伦、美习俗。他将侄儿视如己出，在子侄辈的成长过程中，倾注默默的关注与适时恰当的点拨，不仅营造了其乐融融的家庭氛围，也促进了家族长久兴旺。

周敦颐对晚辈关爱有加却不失严格要求，凡事讲究不逾矩度。家书中提及其父周辅成被朝廷追赠为谏议大夫一事，是家族中的大事，也是一件值得庆贺的门庭喜事。

我们细细留意便发现，周敦颐的父亲属于特奏名进士。"特奏名"是两宋科举制度中的一种特殊规定，是对年老而累举不第的士人所开的一项恩例，等同于赐进士出身，这也说明周敦颐的家庭出身并不算显赫。一般人身致富厚之后，会大肆操办，以富贵恩宠昭示乡邻，以此光宗耀祖。周敦颐却只命侄儿准备果酒等素祭用品，去父亲坟前祭拜，体现了他一贯秉持的勤俭朴素作风，尽孝也符合礼仪，行事举止有度、正人正己。

周敦颐以"芋蔬可卒岁，绢布足衣衾。饱暖大富贵，康宁无价金。吾乐盖易足，名濂朝暮箴"自警，也以此训诫后人。根植于内心的道德自觉能散发出独特的光芒与热度，也是家族培养优秀子弟、永葆余庆之道。

胡安国

胡安国（1074—1138），字康侯，号青山，学者称武夷先生，后世称胡文定公。建宁崇安（今福建武夷山市）人，绍圣进士，南宋初著名经学家，初任中书舍人兼侍讲，后提举湖南学事。

胡安国潜心著述讲学，不拘泥于寻章摘句之学，将救亡图存的爱国思想与经世致用的义理之学，寓于《春秋传》三十卷之中，卓然成一家之言，深得宋高宗的欣赏和喜爱。

胡安国视名利为草芥，多次称疾不仕，素喜谈经论道，有隐逸之志。建炎四年（1130），为躲避战乱，胡安国携家人及弟子从湖北荆门迁徙定居于潭城（今湘潭市城正街湘江边）。胡安国、胡宏父子在湘潭碧泉讲学布道，后又于绍兴三年（1133），在衡山紫云峰下买地结庐，修建文定书堂，在其后五年中，胡安国往返于湘潭、衡山两所书院之间，授徒讲学，跟随者众多，其中不乏张栻、彪居正等名儒。碧泉、隐山也成为胡安国晚年与湖湘后学读书治学之地，一时间弦歌不绝，开湖湘之学统。

胡寅（1098—1156），字明仲，又字仲虎，学者称致堂先生，被叔父胡安国收养，认作长子，是两宋之交比较著名的理学思想家。据史料记载，胡安国夫妇将胡寅视若己出，教育培养方面更是不遗余力，宽严有度。胡寅幼从庭训，无论是修养心性还是安邦治国方面，都深受经世致用思想影响，唯实唯用，推动壮大湖湘学派。

与子寅书（节录）

公使库[1]待宾，并以五盏为率[2]，自足展尽情意[3]。

禁奸吏[4]必止其邪心，不徒革面。为政必以风化德礼为先，风化[5]必以至诚为本。民讼[6]既简，每日可着一时工夫[7]，详与理会，因训道[8]之使趋于善，且以讽动左右[9]，不无益也。

立志以明道，希文自期待；立心以忠信，不欺为主本；行己以端庄，清慎见操执[10]；临事以明敏[11]，果断辨是非；又谨三尺[12]，考求立法之意而操纵之：斯可为政，不在人后矣，汝勉之哉！治心修身，以饮食男女为切要，从古圣贤，自这里做工夫，其可忽乎？

君实[13]见趣本不甚高，为[14]他广读书史，苦学笃信[15]，清俭之事而谨守之。人十己百[16]，至老不倦，故得志而行，亦做七分已上人。若李文靖[17]澹然无欲[18]，王沂公[19]俨然[20]不动，资禀既如此，又济之以学，故是八九分地位也。后人皆不能及，并可师法[21]。

汝在郡[22]，当一日勤如一日，深求所以牧民共理之意，勉思其未至，不可忽也。若不事事[23]，别有觊望[24]，声绩一塌了，更整顿不得，[25]宜深自警省，思远大之业。

注释

1 公使库：宋代负责招待往来官吏的机构。

2 率：规格，标准。

3 自足展尽情意：这就足以表示情意。

4 禁奸吏：禁止奸人做坏事。奸吏，枉法营私的官吏。

5 风化：风俗教化。

6 讼：诉讼案。

7 可着一时工夫：可以抽出一些时间。

8 训道：教诲开导。

9 且以讽动左右：也可以为身边的人做出表率，使他们效仿。讽动，用暗示的言行来鼓动和影响。

10 操执：操守。

11 明敏：聪明机敏。

12 三尺：古代把法律刻写在三尺长的竹简上，故称法律为"三尺法"，简称"三尺"。

13 君实：指司马光。司马光，字君实。

14 为：因为。

15 笃信：诚信不欺。

16 人十己百：别人用十分气力，自己则用百分气力。

17 李文靖：指李沆（hàng）。李沆（947—1004），字太初，谥文靖。北宋时期名相、诗人，有"圣相"之美誉，史称其为相"光明正大"，王夫之称其为"宋一代柱石之臣"。

18 澹然无欲：恬淡无所求的样子。

19 王沂公：指王曾。王曾（978—1038），字孝先，青州益都（今山东青州）人，北宋名相、诗人。王曾少年孤苦，善文辞。咸平年间，王曾连中三元（发解试、省试、殿试皆第一），以将作监丞通判济州。累官吏部侍郎，两拜参知政事。宋仁宗即位后，拜中书侍郎、同中书门下平章事，后罢知青州。景祐元年（1034），召入为枢密使，次年再次拜相，封沂国公。

20 俨然：庄重肃穆的样子。

21 师法：学习效法。

22 在郡：在郡县做官。

23 不事事：有事不办。

24 觊望：希图，企望。

25 声绩一塌了，更整顿不得：声望业绩一旦崩塌，就很难再挽回。

解读

为官以忠信为本且遵守法度

胡安国是公认的湖湘学派的创始人，而胡寅成长为德行崇高的一代理学大家，与恪守父亲教诲分不开。在这封家书中，胡安国仔细与儿子分析修身齐家治国的方法，分别从几个方面阐述。

首先，强调做官为政要以风俗教化、道德礼义为先，诚信为本尤其重要。作为管理百姓的长官，唯有立足诚信办实事，才能在百姓中树立良好的口碑和形象，对提升整个社会的道德水平大有裨益。

其次，胡安国告诫胡寅要坚守清廉本色，处事要精明果断、明辨是非。这种警示在当时动荡混乱的社会环境下，尤其展现出一种高瞻远瞩的积极意义。战争年代，地方官面对的现实局面往往更加复杂棘手，如何为百姓解决实际问题，并无可以参考的模式。他希望儿子从书斋中走出来，切实地将政治学术理想落到实处，积极提高处理实际事务的能力。

胡安国提醒儿子，日常办公诉讼案件完成之后，不妨抽出时间深入百姓生活，了解百姓真实生存状态。古代中国是传统的乡土社会，老百姓一生固守在土地上，活动范围狭小有限，对公共生活的参与度较低。社会秩序的和谐和公共道德的建设，大多靠父母官以身示范做出表率，开启民智，感化百姓。

胡安国特别强调凡事以遵守法度为前提，这是以理性约束人欲的延伸逻辑。他考虑到胡寅在处理具体政务之时，案情有轻重，赏罚有大小，教导其务必结合实际，形成兼容并包的开拓精神。他将经世致用思想援引到家庭教育当中，是对湖湘精神既志存高远又脚踏实地的坚守与发扬。

胡安国鼓励胡寅向本朝贤臣名相看齐，如司马光、李沆、王曾等。胡安国希望儿子跟随先贤的脚步，勤勉好学，通过学习增长知识才干，在品格方面接近圣贤气象，为百姓造福。

此封家书，胡安国指导儿子胡寅遵规守法、以民为本，面对挫折迎难而上。这种接地气的教育，对于当今青少年务实素养的养成有百利而无一害。

张栻

张栻（1133—1180），字敬夫，后避讳改字钦夫，号南轩，学者称南轩先生，后世又称张宣公，南宋著名理学家、哲学家、教育家，与朱熹、吕祖谦齐名，并称为"东南三贤"。南宋汉州绵竹（今属四川）人。绍兴二十年（1150）至绍兴三十年（1160），张栻十八至二十八岁，随父移居永州。绍兴三十一年（1161），张栻二十九岁，师从胡宏于碧泉书院，同年，随父居潭州（今长沙）。

后以岳麓书院、城南书院、石鼓书院为基地，传道授学。孝宗乾道元年（1165），张栻主管岳麓书院教事，受聘为岳麓书院山长，一时间从学者达数千人，成为湖湘学派之集大成者。

张栻的兄弟及子侄辈分散在各地做官，他们大量的书信往来中常常有论及教育的内容。张栻曾多次在家信中提及先祖创业的艰辛，希望家族子弟守住先祖功业，身体力行克勤克俭，行忠孝之道，不辱门风。

送然侄西归

堂堂[1]希白翁，共惟同出自。百年诗礼传，名教有乐地。[2]
嗟予[3]力未胜，永抱蓼莪[4]意。积累盖百艰，承家岂云易。惕然[5]
履渊冰[6]，中夜耿不寐[7]。协心望尔曹[8]，勉力绍前志[9]。岁晚期有
成，庶或[10]保无坠。

注释

1 堂堂：形容人的容貌端正庄严。

2 百年诗礼传，名教有乐地：家族乃诗书礼乐百年名门望族，一直传承着忠孝
节义的儒家传统。名教，名分与教化，指以儒家所定的名分与伦常道德为准
则的礼法。乐地，快乐的境地。南朝宋刘义庆《世说新语·德行》："王平
子、胡毋彦国诸人，皆以任放为达，或有裸体者。乐广笑曰：'名教中自有乐
地，何为乃尔也？'"

3 嗟予：表示感叹。

4 蓼（lù）莪（é）：《诗·小雅》篇名，共六章，首章二句为："蓼蓼者
莪，匪莪伊蒿。"蓼，长大苗壮的样子。莪，莪蒿，一种生于水田的草。此诗
表达了子女追慕双亲抚养之德的情思，后因以"蓼莪"指对亡亲的悼念。

5 惕（tì）然：忧虑的样子。

6 渊冰：喻危险境地。

7 中夜耿不寐：心情悲伤不安，半夜睡不着觉。《诗·邶风·柏舟》："耿耿不寐，如有隐忧。"中夜，半夜。

8 尔曹：你们。

9 绍前志：继承先人的志向。绍，继承。

10 庶或：或许，也许。

解读

缅怀先祖，传承孝道

张栻出生于官宦世家，其先祖张九皋，是唐朝宰相张九龄之弟，曾任唐岭南节度使，由韶州曲江迁长安。祖父张咸，宋神宗元丰二年（1079）进士，封雍国公，官至剑南西川节度判官。其父张浚，宋徽宗政和年间进士，为南宋中兴名相。张栻"生有异质，颖悟夙成"，深得其父喜爱与看重，从小便受到良好的教育和文化熏陶，"教以忠孝仁义之实"。张栻作为一代学宗和教育家，振兴家族的使命感比普通人更为紧迫和强烈，他对侄儿爱护有加，管教严格，并告诫家人遵循祖训，修身进德。

张栻三十一岁从政，前后为官不过七年，他清廉正直，尽心竭力，勤政为民，取得不俗的治绩。在这首写给侄儿的诗歌中，张栻追根溯源，表彰祖先功德。他认为，士族子弟大多没有真才实学，依靠父辈的恩荫度日，"积累盖百艰，承家岂云易"，张栻正是看清了自古家族的盛衰规律，才产生了这样的担忧。

怎样才能增强家族子弟的向心力和凝聚力呢？铭记家族源远流长的历史和先祖的功德名望，便是张栻的主张。他告诫侄儿，家族世系的来龙去脉要辨认清晰，先祖取得的成就与荣耀要牢记心间，并将先祖传递下来的精神遗产发扬光大。作为百年诗礼传承的望族，子孙后代自身应该具备什么样的素质呢？这便是张栻通过家书要阐述的第二层意思。

张栻作为典型的儒家士大夫，齐家有道："所谓治国必先齐其家者，其家不可教而能教人者，无之。"他激励家族子弟当从小树立高远的志向，勤奋好学，以免沦为平庸之辈，不断精进学问以用世，踔厉奋发。

现代社会多以小家庭为基本单位，对先祖的尊崇几乎无从谈起，但无论社会发展到何种形态，慎终追远，常念先恩，保持敬畏心理，是孝道的一种展示。人生不忘来处，才能踏实前行。

平时兄弟间十三章，章四句，送定叟弟[1]之官桂林

平时兄弟间，未省[2]别离味。别时已不堪，别后何由慰。庭萱[3]既荒芜，彩绶[4]委尘土。予叹子咨嗟，寒窗夜风雨。逮此闲暇日，赖有[5]先世书。与子共绅绎[6]，舍去情何如。呜呼忠献公，典则垂后裔[7]。遗言故在耳，夕惕当自厉[8]。何以嗣[9]先烈，匪论[10]达与穷。永惟正大体，不远日用中。履度[11]如履冰，犹恐有不及。毫厘傥[12]不念，放去如决拾[13]。事业无欲速，燕逸[14]不可求。速成适多害，求逸翻[15]百忧。南山有佳木，柯叶[16]正敷荣[17]。愿图岁晚功，大用宁小成。岁晚岂不念，风雨漂摇之。但当护本根，纷纭尔何为。岭海[18]坐清净，府公金玉姿。幕府[19]省文书，简编[20]可委蛇[21]。十步有芳草，会府宜多贤。亲仁古所贵，更诵伐木篇[22]。闻之元城公，南州宜止酒。止酒纵未能，少饮还得不。子行日以远，我思日以长。政或少闲暇，书来不可忘。

注释

1 定叟弟：张栻的弟弟张构（jǐn），字定叟，以父恩授承奉郎，累官端明殿学士、知建康府。

2 省：明了，领悟。

3 庭萱：庭中萱草。借指母亲。

4 彩绶：彩色的丝带，古代用以系佩玉、官印等。绶带的颜色常用以标识不同的身份与等级。

5 赖有：幸亏，幸而。

6 绅（chōu）绎：引端伸义；阐述。

7 典则垂后裔：这里指先祖留下并传承下来的家训、文字。典，重要的文献、书籍及制度。垂，流传。

8 夕惕当自厉：日夜谨慎不懈怠。

9 嗣：续，继承。

10 匪论：不论。匪，假借为"非"，表示否定。

11 履度：遵循法度。

12 傥：倘若，如果。

13 决拾：射箭。清李渔《秦淮健儿传》："子服弓矢，善决拾乎？"

14 燕逸：逸乐。

15 翻：表示转折，相当于"反而""却"。

16 柯叶：枝叶。

17 敷荣：花开茂盛。

18 岭海：指岭南。其地北倚五岭，南临南海，故名"岭海"。

19 幕府：本指将帅在外的营帐，后亦泛指军政大吏的府署。

20 简编：书籍、典籍。唐韩愈《符读书城南》："灯火稍可亲，简编可卷舒。"

21 委蛇：从容自得的样子。《诗·召南·羔羊》："退食自公，委蛇委蛇。"

22 伐木篇：《小雅·伐木》，选自《诗·小雅·鹿鸣之什》，全诗六章，此诗第一章以鸟与鸟的相求比人和人的相友，以神对人的降福说明人与人友爱相处的必要。

解读

读书亲仁，以才学兴家

　　这是张栻写给他唯一的弟弟张构的送别组诗，洋溢着浓浓的亲情。

　　开篇追今抚昔，父母已经谢世，更见兄弟同气连枝之深情，在这样凄风苦雨的寒冷夜晚，想起将要远行的弟弟，张栻作为兄长，以一种近乎沉痛的心情和弟弟话别互勉。

　　张栻在家信中追忆先祖不追求功名富贵，而以孝悌为本，立身求道，以传承诗礼家族的清白家风。张栻以先祖生前的嘉言懿行为榜样约束自己，用离弦的箭来比喻心中的惰怠念头，不仅是对弟弟的教诲，同时是对他自己的警策。

　　张栻勉励家族子弟成就事业不求速成，但须勤勉务实，提倡以才学兴家。人的天分和才智有长有短，唯有"勤勉"二字，人人都可以做到。这也是留给当代青少年关于学习、生活恒久不变的教义。"事业无欲速，燕逸不可求。速成适多害，求逸翻百忧。"张栻的父亲张浚一生志在收复北方失地，虽屡次遭遇现实的打击，仍矢志不渝。张栻与弟弟深受其父榜样力量的感召，从小养成了坚韧的个性。

张栻鼓励弟弟积极探索，注重才干的培养锻炼与人生经验的积累，即便大器晚成也不失为一件好事。据史料记载，张栻的弟弟张构颇有政治才干，遇事随宜变通，以治见称。《宋史》本传称："南渡以来，论尹京者，以构为首。"其中固然有张栻悉心教诲弟弟的功劳。作为教育家的张栻，力求为家族子弟提供良好的教育环境，培养他们自主的意识，鼓励他们勇于追求独立自我，给予他们更大的成长空间。

张栻认为"仁者"将天地间万物同等视之，以一颗博爱之心无偏见无差别地去爱天下人和世间万物，他在《西铭》中说："原民之生，与万物并于天地之间，父天而母地，本一而已。而于其身，莫不有父母之亲，兄弟之爱，以至于宗支之属，厘分缕析，血脉贯通，分虽殊而本实一，此性之所具，而天之所为也。"

张栻身处风雨飘摇的南宋初年，国家羸弱，国土被金人蚕食，他谨守"民惟邦本，本固邦宁"的政治理念，弥留之际仍然惦记着抗金大业。他主教岳麓书院期间，为湖湘人才群体的启蒙和培养做出了不朽的贡献。张栻所奠定的湖湘精神，不仅影响了一代代湖湘学子，更让湖湘文化产生了全国性的影响。

张栻认为弟弟在桂林官署闲暇之时读书不失为一种快乐休闲的享受。古时候，读书是富贵人家子弟的专利，贫寒子弟获取读书的机会需要克服诸多现实困难。张栻以传播儒道为己任，十分重视教育的推广发展，创立城南书院，传道授业解惑。这里劝勉弟弟读书，不是为了求仕而读书，不是为了眼前利益而读书，而是为了更高层次的精神追求，博学笃行以立世。

送犹子¹焕炳序

侄子焕炳扶持母丧西还，求予言以自警。焕炳之祖
四十一伯父，雍公第三子也。²先公尝言伯父天资俊迈³劲特，
十三四操笔⁴为文章即有声。入上庠⁵，诸老生争见之。识度不
凡。方先公儿时，每期以公辅⁶，且贻之诗，有曰"文武兼资
真丈夫"，又曰"许身莫让稷与契"，其意盖可见也。见京
师繁盛，窃有翁仲、铜驼之叹⁷，指当时贵人京、黼辈⁸谓朋友
曰："此辈行乱天下矣！"所志甚远。不幸才逾三十，奉廷
对，未及唱第而没。先公抚予兄仲随如子。仲随亦仅中岁，
嫂氏守节，复不登寿⁹。予兄弟虽不敢忘先志，爱存鞠育，惟
力是尽¹⁰。在此行也，然亦岂无望于二侄哉？

予家起寒素¹¹，豫公、雍公以儒学显。至于我魏公¹²，逢时
之难，身任天下之重，德业光显。予兄弟藐然，惟惧荒坠不克
承，抑望于我宗共勉励，以羽以翼，以无替我家二百年之轨范。
上焉亲师求仁¹³，发明天地之全古人之大体，居则讲业传道，出
则继我魏公之业；次焉尤当服孝弟忠信之训，饬身谨行¹⁴，无为
门户羞。吾侄之归于乡也，治丧事，奉祭飨，事长抚幼，予将
有观焉。念祖先积累之艰勤，而朝夕悚惕¹⁵，毋放于欲，毋狃
于逸，毋交匪朋¹⁶，毋从事于奢靡，则予有望，子又将察焉。
其能久守是也，则复有进焉。呜呼，尚深念哉。

注释

1 犹子：最初指兄弟之子，也称"从子"。收养从子、犹子是古代宗族制度下一种很普遍的社会现象。

2 焕炳之祖四十一伯父，雍公第三子也：雍公即张浚父亲张咸，据现存《宋贤良张公碑》记载，雍公是张栻的祖父，其有五子，其中第三子为张潞。仲随当系张潞之子，而炳、焕当系仲随之子。

3 俊迈：才识卓越过人。

4 操笔：执笔写文章。

5 上庠：古代的大学。传说起源于虞舜时代。

6 公辅：古代三公、四辅均为天子之佐。借指宰相一类的大臣。

7 窃有翁仲、铜驼之叹：此句意思是感叹京城风流繁华，言人物之盛也。翁仲，传说阮翁仲为秦代一丈三尺的巨人，秦始皇命他出征匈奴，匈奴人很怕他。他死后，秦始皇下令仿照其形状铸成铜人。后指铜像或石像，也专指墓前的石人。铜驼，铜铸的骆驼，古代置于宫门外。

8 黼（fǔ）辈：指穿着华丽之人。黼，古代礼服上所绣花纹，黑白相间，如斧之形。

9 登寿：长寿，高龄。

10 爱存给育，惟力是尽：张栻的堂兄仲随早逝，其妻子不久也撒手人寰，于是张栻、张杓兄弟便担负起抚育炳、焕两侄儿的责任。

11 寒素：家世清贫低微。

12 魏公：指张浚。张浚（1097—1164），字德远，世称紫岩先生，汉州绵竹（今属四川）人，南宋名臣、学者，累赠太师，谥号"忠献"。著有《紫岩易传》等，近人辑有《张魏公集》。

13 亲师求仁：跟随老师学习，领悟"仁"之道。

14 饬身谨行：警饬己身，使思想言行谨严合礼。

15 悚惕（sǒngtì）：惶恐警惕。

16 毋狃于逸，毋交匪朋：不要沉迷于安逸的生活，不要和品行不端的人做朋友。狃，习惯，安于。匪，原指强盗，也指行为不端的人。

解读

躬身实践，德育为先

古人家族观念十分浓厚，有收养从子的习俗，炳、焕是张栻的养子，宗族兄弟的儿子。张栻通过家书与侄儿沟通交流，从立身、孝道、持家等方面对侄儿进行训诫和教诲，体现了张氏家族的文化传承与家庭教育的独特风貌。

张栻在家书中追述先祖创业的艰辛与不易，劝诫家族子弟要珍惜家族荣誉和谨慎处世，如果放纵自身，祖宗基业倾毁只是迟早的事。张栻仅有一个儿子张焯，年不逾三十而早卒，但宗族支系庞大，且多有在朝廷为官者。张栻文武兼备，名重一时，作为家族中才智和名望秀出者，家族传承的使命感异常强烈。他不但历数先祖的显德勋业，且谦称"予起家寒素"，一方面反衬先祖功德之宏大，另一方面旨在告诫家族子弟勿以先祖功勋居功自傲。

他还详细追忆炳、焕之祖父（张潞）才学卓绝，少能为文；张栻的父亲张浚作为中兴名臣，德才兼备。意在与两侄儿共勉并以他们为榜样。家族成员之间要做彼此的翅膀，内修德行，出仕则行仁政，为家族的繁荣增光添彩。

孝悌是一切德行的根本，不仅是优秀家族文化的重要部分，对于促进宗族子弟的家国情怀与责任感也起到积极作用。张栻期望家族子弟践行孝悌的价值观，并将仁爱他人的美德推广到整个社会，化"小爱"为"大爱"。

张栻在家书中既有对先祖功德的追述，也不乏对晚辈的关爱和呵护。张栻告诫侄儿，不要沉迷于安逸享乐的生活，不要和品行不端的人结交往来；尊亲以孝顺为本，对待事长抚幼、丧葬、祭祀这种具体的事情，都须谨慎对待，以求符合礼义。不但如此，张栻还将家训内容落实到生活中具体事务的践行上，一旦发现有做得不好的地方，就及时纠正和改进。这对于当代青少年的德行教育亦具有借鉴意义。

王夫之

王夫之（1619—1692），字而农，号姜斋，又号夕堂，湖广衡州府衡阳县（今湖南衡阳）人，明清之际著名的思想家、文学家。王夫之出身于没落的小官僚地主家庭，自幼跟随父兄读书，青年时期积极参加反清起义，曾在衡山组织武装起义，抗击清军。晚年隐居于石船山，著书立说，笔耕不辍四十余年，后世称之为船山先生。他与顾炎武、黄宗羲并称明清之际三大思想家。其著有《周易外传》《黄书》《尚书引义》《永历实录》《春秋世论》《读通鉴论》《宋论》等书，后人汇编为《船山遗书》。

王夫之非常重视家庭教育，强调知行合一，将齐家与治国相提并论。王夫之祖籍江苏扬州，后迁居衡阳，前五代以军功显世，从第六代起转变为耕读之家。王夫之的祖父王惟敬和父亲王朝聘满腹经纶、学识渊博，但终身布衣，不涉权贵之门，对于家中子弟的学识和德行教育不遗余力亲自传授，且治教从严。在家学的传承上，王夫之三兄弟青出于蓝而胜于蓝，均取得了不俗的成绩。崇祯十五年（1642）王夫之与两位兄长同赴武昌乡试，王夫之以《春秋》第一，中湖广乡试第五名。王夫之的长兄王介之也中举第四十名。

　　王夫之四岁随兄入私塾读书，十四岁考取秀才，这固然与王夫之天资聪颖、勤奋努力分不开，良好家风家教的熏陶乃重要的助力。王夫之曾在《显考武夷府君行状》中回忆其祖父："出入欬笑皆有矩度，肃饬家范，用式闾里。"他自幼亲承庭训，祖父的端正品行给幼年王夫之树立了立身处世的标杆。王夫之刻苦自励，以品行和节操著称。抗击清军失败后，他隐居衡阳深山，潜心著述立言四十余年，对传统文化进行详尽的研读阐述，在哲学领域创建了新的体系，被后人誉为"东方的黑格尔"，为后世留下多达1000万字的精神遗产，这种知难不退的坚守，便是他恪守家风家训并躬身践行的最好注脚。

示侄孙生蕃

忘却人间事，始识书中字。识得书中字，自会人间事。俗气如糨糊[1]，封令心窍闭。俗气如岚疟[2]，寒往热又至。俗气如炎蒸[3]，而往依坑厕。俗气如游蜂，痴迷投窗纸。堂堂大丈夫，与古人何异。万里任翱翔，何肯缚双翅。盐米及鸡豚，琐屑计微利。市贾及村氓[4]，与之争客气。以我千金躯，轻入茶酒肆。汗流浃衣裾[5]，拏三而道四。既为儒者[6]流，非胥及非隶。高谈问讼狱，开口及赋税。议论官贪廉，张唇任讥刺。拙者任吾欺，贤者还生忌。摩肩观戏场，结友礼庙寺。半截织锦袜，几领厚棉絮。更仆[7]数不穷，总是孽风吹。吾家自维扬[8]，来此十三世。虽有文武殊，所向惟廉耻。[9]不随浊水流，宗支幸不坠[10]。传家一卷书，惟在尔立志。凤飞九千仞[11]，燕雀独相视。不饮酸臭浆，闲看旁人醉。[12]识字识得真，俗气自远避。人字两撇捺，原与禽字异。潇洒不沾泥，便与天无二。汝年正英少，高远何难企。医俗无别方，惟有读书是。

注释

1 糨糊：用面粉等做成的可以粘贴东西的糊状物。

2 岚疟：病名，即疟疾，是以疟蚊为媒介而散播的急性传染病。

3 炎蒸：暑热熏蒸。

4 市贾：市肆中的商人。村氓：乡民，农人。

5 衣裾：古代指交领或衣下掩裳际处，后亦指上衣前幅。

6 儒者：泛指读书人。

7 更仆：形容多，数不胜数。

8 维扬：古代称扬州为维扬。

9 虽有文武殊，所向惟廉耻：先祖们或文或武，从事的职业不一样，但为人处世都符合礼义廉耻的规范。

10 宗支幸不坠：同宗族的支派一直传承下来，没有陨落。

11 仞（rèn）：古代计量单位，八尺或七尺为一仞。

12 不饮酸臭浆，闲看旁人醉：不能沾染酸腐臭浆（这里指喝酒）的坏毛病，才能独自清醒看着旁人沉醉其中。

解读

医俗无别方，惟有读书是

家庭是人生的第一所学校。无疑，王夫之的侄孙生蕃是非常幸运的，在成长的路上能得到王夫之的垂训和指导。王夫之在这短短二百余字的家书中，告诫侄孙生蕃首先要从内到外戒除庸俗苟且之气，培养醇正气质甚至是浩然之气。"近朱者赤，近墨者黑"，人容易受到后天环境的侵染，气质慢慢变得驳杂而浑然不觉，特别需要警惕。

王夫之教导子弟戒俗脱俗，在家书中浓墨重彩忆及先祖治家风范："吾家自维扬，来此十三世。虽有文武殊，所向惟廉耻。"整个家族的精神风貌以"礼义廉耻"为基本规范，重视气节的培养和学问的精进。

王夫之还强调了读书对于气质的涵养作用。"传家一卷书，惟在尔立志。凤飞九千仞，燕雀独相视。"读书可以提升一个人的涵养。在倡导全民阅读的今天，青少年更要多读书、读好书，在书中与各种思想交融、交锋，从中华文化的思想宝库、人文精神的丰富世界里吸收养分，与智者同行，开启一条自我完成与超越之路。

西汉刘向说："书犹药也，善读之可以医愚。"王夫之进一步梳理出深刻而独特的见解，认为读书不仅可医愚，还可医俗，且是唯一奏效的方法。这种新颖的教育方针旨在督促侄孙生蕃勤学进取，脱离猥琐庸俗的习气，提升修养，将读过的书涵养成做人的风骨。王夫之还严苛警示侄孙生蕃，"人"字的写法与"禽"字写法本不相同，生而为人不能像禽兽一样只为满足口腹之欲，而应追求思想的丰盈，感知事物的美好，在天地间堂堂正正做人，以成为少年英豪为人生目标！作为青少年应该及早认识到，读书是拓宽视野的助力，修正自我的良方。

示子侄

立志之始，在脱习气。习气熏人，不醪而醉。其始无端[1]，其终无谓[2]。袖中挥拳，针尖竞利。狂在须臾[3]，九牛[4]莫制。岂有丈夫，忍以身试！彼可怜悯，我实惭愧。前有千古，后有百世。广延九州，旁及四裔[5]。何所羁络[6]？何所拘执[7]？焉有骐驹[8]，随行逐队[9]！无尽之财，岂吾之积？目前之人，皆吾之治。特不屑耳，岂为吾累。潇洒安康，天君[10]无系。亭亭鼎鼎，风光月霁。[11]以之读书，得古人意。以之立身，踞豪杰地。以之事亲，所养惟志。以之交友，所合惟义。惟其超越，是以和易。光芒烛天[12]，芳菲匝地[13]。深潭映碧，春山凝翠。寿考维祺[14]，念之不昧[15]。

注释

1 无端：没有理由。

2 无谓：没有意义，没有道理。

3 须臾：片刻、暂时。

4 九牛：形容力气很大。

5 四裔（yì）：四周边远的地方。

6 羁络（jīluò）：束缚。羁，马笼头。

7 拘执：拘泥。

8 骐驹（qíjū）：指良马。骐，青黑色有如棋盘格子纹的马。驹，良马、骏马。

9 随行逐队：犹言跟着众人一道。

10 天君：心。因心为思维器官，故称为"天君"。

11 亭亭鼎鼎，风光月霁（jì）：形容人心地坦荡，光明磊落，人品高洁。亭亭，高远的样子。鼎鼎，旺盛的样子。霁，天放晴。

12 烛天：照耀天空。

13 匝地：遍地。

14 寿考维祺：一般用于寿诞者的祝寿贺辞。寿考，高寿的意思。祺，吉祥之义。语出《诗经·大雅·行苇》："寿考维祺，以介景福。"

15 不昧：不忘。

解读

志在学先，摆脱庸俗习气

志不立，天下无可成之事。立志是人生第一课，古往今来凡成大事者必尽早明确人生奋斗目标。王夫之作为一代杰出的教育家，他又是如何看待年轻学子立志的呢？他认为，立志之始在于摆脱和革除庸俗的习气，庸俗的习气好比粗劣的酒，让人为低级趣味所诱惑，随波逐流而迷失人生的方向，难以突破小我的执迷。

其次，立志要高远，将自身志趣置于广阔的历史天空下，不计个人得失，将民族国家的未来系于身，实现修身齐家治国平天下。王夫之用良马绝不会混迹于庸马的队伍作比喻，形象地告诫子侄要立鸿鹄之大志，绝不能降格以求，耽于逸乐而不自知，沦为庸常之辈。

青少年阶段是一个人最富有理想色彩的时期，人们在这个时期确立自己的人生目标，奔赴理想。通往成才的道路没有捷径，唯有早立远志，坚定笃行，在追梦的路上奋斗不止。王夫之认为，为人处世心中光明磊落，能免于沾染庸俗习气，免于堕入污浊，面对天地都能无愧于心。

得益于王夫之润物无声的家风熏染和严格的教育，他的儿子都成为德才兼备的人物。长子王攽著有《诗经释略》，次子王敔"学问渊博，操履高洁，时艺尤有盛名"。

心有所信，方能远行。当代青少年要继承与弘扬尚志的传统，早立远志，逐浪前行。

丙寅岁寄弟侄（节选）

　　和睦之道，勿以言语之失，礼节之失，心生芥蒂[1]。如有不是，何妨面责，慎勿藏之于心，以积怨恨。天下甚大，天下人甚多，富似我者，贫似我者，强似我者，弱似我者，千千万万。尚然弱者不可妒忌强者，强者不可欺凌弱者，何况自己骨肉。有贫弱者，当生怜念，扶助安生；有富强者，当生欢喜心，吾家幸有此人撑持门户。譬如一人左眼生翳[2]，右眼光明，右眼岂欺左眼，以皮屑投其中乎？又如一人右手便利，左手风痹[3]，左手岂妒忌右手，愿其同瘫痪乎？

注释

1 芥蒂（jièdì）：细小的梗塞物。后比喻心里的不满或不快。

2 翳（yì）：指眼睛角膜病变后留下的瘢痕组织。

3 风痹（bì）：中医学指因风寒湿侵袭而引起的肢节疼痛或麻木的病症。

家人间互相帮扶，携手共进

　　王夫之现存留给侄儿的家书十多封，既有他处世经验的精辟总结，亦有他深厚学养与慷慨激昂铮铮气节的展现，更有对家族子弟孝悌齐家的温情叮嘱。"家和万事兴"是老话题，和，是一个家庭幸福美满的前提，古人讲究父慈子孝、兄友弟恭，家人之间的互相体谅、互相扶持，心往一处想，劲往一处使，家庭氛围和乐，共筑新时代家庭文明风尚。

　　和睦是家庭最好的风水。王夫之本人是孝亲的典范。据史料记载，反明起义军将领张献忠攻陷衡州，张献忠部将王夫之父亲王朝聘掳走。年轻的王夫之勇敢地用刀将自己的脸划伤，并涂上毒药只身前往军营救父，以自残的凛然气节和孝心打动了张献忠，张献忠当即释放了父子二人。在危急时刻，王夫之的举动令敌方为之动容，又怎能不令后人折服？然而，今天的我们也要认识到，孝道不能成为父母对孩子的道德绑架，父母也要学会尊重、理解孩子，打造和谐的家庭相处模式，培育良好的家庭风气。

　　王夫之作为传统儒家士大夫，以忠孝与仁义友善治家。"和睦之道，勿以言语之失，礼节之失，心生芥蒂。如有不是，何妨面责，慎勿藏之于心，以积怨恨。"王夫之考虑到现实中个人性情禀赋不一，指出人与人之间要做到完全的相互理解过于理想化，亲人久处同一屋檐下，存有分歧是在所难免的，但博大包容的胸怀是化解矛盾的润滑剂。王夫之认为出现问题不妨当面提出而非藏匿心中，以温语相劝替代心生芥蒂，淡化嫌隙和隔膜。

在家庭生活里，王夫之不仅是一个好父亲，更是一个好丈夫。他先后娶三任妻子，皆能在乱世中琴瑟和鸣，相濡以沫，共克时艰。

王夫之告诫家人，拥有宽广的胸怀是获得内心圆满和快乐的根本。在王夫之看来，天下很大，天下的人很多，有许多富有的人，也有许多像自己一样贫寒的人，有强者，也有弱者。对于强者，不该心生妒忌之心，对于弱者，应该施以援手，更不用说骨肉至亲了。如果是家族中有出类拔萃的人才，自然是门户之幸，可以为家族的繁荣发展贡献力量。王夫之期待亲人之间互相帮扶，必要的时候施以援手扶危济困，尽显人伦真善美。

当今社会，绝大多数父母已经不再是封建时代的"一言堂"家长，但同时也引发了另外的问题：家长因爱而疏于管教，对孩子溺爱；孩子漠视父母和长辈的付出，不懂得感恩。因此，作为教育者在关注和引导孩子成长的同时，要教会他们家人之间应该互相帮扶、互相理解，这样的家庭才具有生生不息的成长力量。

李东阳

　　李东阳（1447—1516），字宾之，号西涯，文学家、书法家，茶陵诗派的核心人物。湖广长沙府茶陵州（今湖南茶陵）人，寄籍京师（今北京）。天顺八年进士，官至特进光禄大夫、左柱国、少师兼太子太师、吏部尚书、华盖殿大学士。李东阳立朝五十年，柄国十八载，清节不渝。文章典雅流丽，工篆隶书。死后赠太师，谥文正。明史评："自明兴以来，宰臣以文章领袖缙绅者，杨士奇后，东阳而已。"著有《怀麓堂集》《怀麓堂诗话》《燕对录》等。

　　李东阳出身行伍，"天资英迈，读书一目数十行下，辄成诵不忘。少入翰林，即负文学重名"，从小受到良好的家庭教育，且侍奉双亲至孝。其父李淳为人方正清廉，《李东阳集》中记载了这样一则逸事：李东阳曾担任礼部会试的考官，有士子请人托情代赠三百金与其父李淳，遭到断然拒绝。对方摸清了李家素来勤俭，家无余财，便劝李淳接受赠金，李淳怒斥来人："吾父子宁穷死，岂可为不义辱！"李东阳对父亲的教诲感念于心，故能为政以德，廉洁自律。

李兆先，字徽伯，是李东阳的长子，生于明成化十一年（1475），二十七岁病殁于弘治十四年（1501）。李东阳共有三个弟弟，三子三女，在当时也算门庭兴旺，但除了长女李盈，皆卒于东阳之先。兆先启蒙入学意味着步入人生新阶段，李东阳曾作诗以示勉励。

遣儿兆先入学以诗示之

襁褓才看丱角[1]成，尽将骄劣[2]误聪明。要知西塾[3]横经[4]地，不尽重闱[5]属犷情。天意肯从吾敢负，父书须读汝休轻。烟楼[6]撞破非能事，我已无才浪得名。

注释

1 丱（guàn）角：古代儿童束的上翘的两只角辫。

2 骄劣：骄纵顽劣。

3 西塾：门外西侧的堂屋。《仪礼·士冠礼》："筮与席，所卦者，具馔于西塾。"

4 横经：横陈经籍。指受业或读书。

5 重闱：重重宫门。指深宫。

6 烟楼：指耸立于烟云中之高楼。

虚怀若谷，饱读诗书增进学问

李东阳回想起兆先不久前仿佛还是襁褓中的婴儿，弹指之间已是束发总角的孩童，叹时间流逝之快，意在鞭策儿子珍惜光阴，莫负岁时。养不教，父之过。李东阳认为养儿不能过于娇宠，即便天资聪颖，仍须勤勉不移，切忌骄傲自满，免堕骄纵顽劣之流。

家族的兴旺发达，离不开人才的培养和充实。如何培养兆先成才？育才为官是儒家教育的终极理想，寒窗苦读是实现的基础前提。普通之家尚且懂得读书教子的重要性，又何况像李东阳这样的一代文宗呢？他教子严格而有章法，先从思想上启发兆先尊师重道，学习要有虚怀若谷、永不满足的谦卑之心。

学习，不仅是学书本上的知识，更在于培养处世能力和提升认知水平。青少年终将通过读书增长智慧，实现自我价值，找到自己在这个世界的位置。李东阳少年得志，成名后主持文坛数十年，却谦虚地自称为浪得虚名，此等谦逊、低调的胸襟不仅对儿子是一种鞭策，于今人也有良好的教益。读书，不仅可以增长见识，拓展心灵空间，而且能让人在思辨中不断成长，锻造与世俯仰却与众不同的气质。李东阳以自身读书经历教导儿子读书修养品德，以书解惑，在书中找到人生答案，形成自己的知识体系，成为前行的力量和养分。

杨嗣昌

　　杨嗣昌（1588—1641），字文弱，一字子微，自号肥翁、肥居士，晚年号苦庵，湖广武陵（今湖南常德）人，明朝后期重臣、诗人。杨嗣昌出身于书香门第，祖父杨时芳为武陵名士，父亲杨鹤为万历三十二年（1604）进士，诗文俱佳，官至兵部右侍郎，总督陕西三边军务。杨嗣昌为万历三十八年（1610）进士，崇祯十年（1637）出任兵部尚书，翌年入阁，深受崇祯皇帝信任。杨嗣昌身居高位，经历明末许多历史大事件，他既能置身党争之外，又能廉洁自律，守正不阿。《明史》称杨嗣昌"积岁林居，博涉文籍"。他在常德居住时间比较长，与来游的公安派文学家袁宏道、袁中道兄弟，竟陵派文学家钟惺等人，有诗文酬答，尤其是他寄情山水的诗文，在清代流传极广，有《杨文弱先生集》《武陵竞渡略》《野客青鞋集》等诗文集。

家书（其一）

见唐君庸札，知欲赴京考官。家贫亲老，捧檄动颜[1]，自是孝养好事。但会试之年，四月考课，往例专取人才有长胖胡之说，今则非钱不行。拔贡[2]欲考州县正官[3]，恐非二三千金不能到手。长安说事者，全是两衙门或吏部选司自己要钱，其余情面俱是假托[4]。财亲人不亲，已成积重难返世界。主上申令愈严，行法愈急，总不足以夺其要钱不要命之真心也。

君庸之行，吾不敢止，但恐如此老实话，无人向他说耳。若我，既不敢作此事，而亦不肯以一字入长安，少有疏误，彼此俱累，亦非忧人以德之意也。

注释

1 捧檄动颜：毛义以孝行称，府檄至，以义守安阳，义捧檄而喜。后有人轻视其因做官而喜悦，及义母去世，义遂不仕，方知义往日之喜为亲。见《幼学琼林·卷二·祖孙父子类》。

2 拔贡：科举制度中由地方贡入国子监的生员之一种。

3 正官：编制内的官员。对额外官及赠官等而言。

4 假托：借口，托词。

学会拒绝诱惑，洁身自好

　　杨嗣昌官至东阁大学士，位高权重（相当于宰相），对亲友想通过自己的人脉关系网，托情找关系做官的打算，提出了自己的看法。考取功名，做了官，一方面可光宗耀祖，另一方面可实现人生价值，受人尊敬，是值得鼓励的好事。

　　杨嗣昌以古人毛义为养活母亲，选择步入官场求取俸禄作为孝义的典型，肯定读书人做官是体现孝道的一种方式，既可为父母提供物质保障，亦可满足双亲望子成龙的精神需求。毛义做官似乎是一种迫不得已的选择，大有冲破命运阻碍的意味。

　　但他随之笔锋一转，指出现今整个官场贿赂贪腐成风，科考早已失去了公平公正的取士标准，并就黑暗的现实举例：考取一个正式的县官，没有两三千两银子疏通关节无法做到。就连衙门或吏部选拔官员，都是明目张胆索取贿赂，直接等同于买官卖官。

　　杨嗣昌进一步指出"财亲人不亲"的赤裸裸现实，可谓一针见血、入木三分。科场贿赂历朝历代都有，到了明末已经愈演愈烈，作为国家首辅重臣，杨嗣昌无法凭一己之力改变社会现实，感到无比痛心与悲哀。当整个社会的价值取向都汲汲于名利富贵，读书人失去了礼义廉耻，官员不再廉洁奉公，风清气正的社会风气已荡然无存。

　　唐君庸去京城参加考试而取得做官的资格，无疑也得走贿官的"套路"，所以才写信给杨嗣昌，求他通融或推荐。这显然与杨嗣昌所要求的家族子弟心存正念、忠诚有担当的家规相违背。他只好向家人言明态度立场：虽然他不能阻止唐君庸去京城谋差，但顾虑到没有人肯向唐君庸道明实情，揭露官场贪墨成风的现状，认为劝诫晚辈乃长辈的职责所在。

正人先正己，杨嗣昌以操守清正名世，绝不可能为家族子弟谋取私利，唯有义正词严拒绝，将错误的执念一开始便扼杀在萌芽状态。

另一方面，宦海波诡云谲，稍有不慎便落入权势的罗网陷阱，家族受到牵累而引起祸端，顷刻间便会陷入艰难的境地，甚至败坏了以德善著称的清白门风。

在现实教育中，家长应当教育孩子远离污浊环境，引导他们了解社会的复杂性，提高判断能力，坚决抵制诱惑，从精神上培植孩子洁身自好的品行。更要以身作则，身教重于言教，将这种"廉洁"教育贯穿于日常生活之中，树立规矩意识，不放弃原则迁就孩子，并告诉孩子如果违反规矩，将会带来怎样的后果，采取适当的奖惩措施，帮助他们提高自我约束能力，长大之后才能遵守法度，堂堂正正做人。

家书（其二）

家无余事，汝兄在此焦头烂额之不暇，儿一味闭户读书。闻提学春来考试，我决不作半字干求[1]。前有书往来，亦已说得断绝[2]，儿万勿为人情面转托道府[3]央求。此不但关我名节，即是儿之身家性命所系。世情险恶，波撼多端，举天下有一半人寻我破绽不可得。说剿贼事，尽心尽力而为之，主上犹能俯亮[4]。说此等事，皂白难分[5]，雷霆之怒万不可解，此我身亲见过。温乌程[6]柄政八年，圣恩优渥[7]无两，一被参左严摘其儿子说情，二被金吾发其五子嫖宿，即败事矣。儿千万俱听吾言，勿贻他日自己之悔也！

注释

1 干求：请求。

2 断绝：决绝。

3 道府：道一级地方政府，也指该级政府的行政长官。

4 俯亮：敬语，鉴谅。

5 皂白难分：比喻是非不易辨别。

6 温乌程：温体仁（1573—1638），字长卿，号园峤，浙江乌程（今浙江湖州）人。温体仁是崇祯年间任期最长的首辅。明朝末年，崇祯帝朱由检在位的十七年中，内阁大学士像走马灯一样换来换去，前后达五十人次。但温体仁却在频繁的人事变动中稳居内阁首辅要职达八年之久，官至少师兼太子太师，进吏部尚书、中极殿大学士，阶左柱国，兼支尚书俸禄，当时没有人能与他相比，却难逃倒台的厄运。

7 优渥：优厚，丰厚。

解读

为官无私坦荡，坚守规矩底线

　　杨嗣昌之子春季将来京城参加科考，在这封家书中，杨嗣昌提醒、告诫儿子，虽然自己手握权柄，但绝不徇私偏重，希望儿子杜绝利用父亲的权势谋取官禄的念头，并提及以前的家书以再三告诫。可见杨嗣昌身在公门，一直谨守为官清正的原则。

　　古代官场建立小圈子，通过裙带关系、师徒关系、同乡关系拉帮结派，进行利益输送的现象层出不穷，自古有"朝中有人好做官"一说。杨嗣昌为官多年，又岂能不知这些潜规则？如果说，杜绝为关系一般的亲友做"靠山"尚可以做到，但不为儿子的仕途铺路，这样高风亮节的德行，实在值得后人钦佩。

　　据史料记载，当年杨嗣昌督师进入四川作战，后方却传来家乡常德衙门欲为他建造功德牌坊，得知此事，他立马致信当时常德官员："偶思建坊一事，深恐为地方累。而适值此时，尤有如许不便，祈老公祖断而止之。即移其财力建二石碛：一于固腰堤，即江楼之上；一于花猫堤，即桃园之上。二碛成，而千万年无水患，是老公祖千万年不朽之功德，而治昌亦与有荣，胜于建坊多矣。"他极力促成为家乡修建防洪设施，并认为这比修建功德牌坊意义大得多。这种胸怀天下、务实为公的精神，不仅是家族子孙言传身教最好的榜样，也值得今人学习。

杨嗣昌在家书中郑重说明了不能为儿子的科考奔走谋利，理由有二：其一，此事不但事关他的名节，更是儿子性命之所系。杨嗣昌作为宰辅，本该为家国天下鞠躬尽瘁，如若未能做到功勋累累，足以让自己感到惭愧，又岂能有以权谋私、违背道德操守的行为？名节有亏会导致家族基业倾毁而身丧，须克己谨慎。其二，宦海沉浮，福祸相依，贪图安逸走捷径，祸败易至。他以亲身经历告诫儿子，天下官员寻找他破绽的过半，如果说自己尽心尽责处理政务，皇帝尚能够鉴谅，假若因儿子损公谋私，那将是引火烧身，无法撇清了。

望子成龙是天下父母共同的心愿，古人说：父母之爱子，则为之计深远。杨嗣昌责己以严的教子原则，体现在他为官清正、谨慎，凡事奉公守法、无私坦荡，并将此种理念带到家庭教育中来。这样才能培养孩子的浩然正气，使之远离祸患。这是爱子深沉的表现，发人深省。

王文清

王文清（1688—1779），字廷鉴，号九溪，湖南宁乡人。雍正二年（1724）进士。王文清博闻强记，当时京城有"记不明，问文清"之谚。乾隆年间，先后两次被聘为岳麓书院山长，任内修订学规、培育湖湘后学，颇有建树。后世学人将王夫之、王闿运、王先谦与王文清并称为清代湖南"四王"，是湖湘经学承上启下的重要人物。王文清一生著述颇多，尤其以朴学成就最高，现存有《锄经余草》《锄经续草》《考古略》等。

王文清作为一代儒者，不乏修身立德的人生经验传之后人。在《示儿曹》诗中，没有陈陈相因地大谈人生哲理，而是不落窠臼地将切入点放在日常生活小场景上，"羹汤""鸡豚"看似毫不起眼的小细节，却彰显出其对生活的热爱。

示儿曹

不因醉月始飞觞¹，暖就桑榆²正夕阳。

七十老人期卒岁³，一家妇子为谁忙。

羹汤⁴在手无朝暮，痛痒关心耐雪霜。

莫向方书⁵寻药饵⁶，鸡豚⁷自喜及亲尝。

注释

1 飞觞：喝酒时把杯子传来传去。

2 桑榆：日落时阳光照在桑榆间，因借指傍晚。比喻人的晚年。

3 卒岁：度过此年。

4 羹汤：浓羹或汤汁，泛指佐餐的菜食。

5 方书：医书。

6 药饵：可供调补的药品。

7 鸡豚：鸡和猪，古时农家所养禽畜。后喻指平民之家的微贱琐事。

在一饭一羹汤里修心养性

王文清在这首诗中向儿孙娓娓道出晚年生活小事，显出一派怡然自得，这只有内心足够丰盈、思想足够通透的智者才能做到。历经诸多世事，才能体悟生活中的自在之趣。当今教育，不妨教青少年多从小事入手。人生就是由无数的小事构成，管理好身边的小事，就是管理好自己的一生。圣人提倡的"仁义礼智信"，终归也要落实到穿衣、吃饭这种小事的践履之中，不断地在小事中修炼自我。在一饭一羹汤里修心养性，收获充实无悔的人生。

李文炤

　　李文炤（1672—1735），字元朗，号恒斋，湖南善化（今长沙）人。清康熙举人，康熙五十六年（1717）任岳麓书院山长，修订《岳麓书院学规》，培养和造就了许多优秀的湖湘学子。李文炤一生潜心学问，绝意于仕宦，既是一个理学家，又是一个经学家。他继承湖湘学术的经世传统，被称为继王夫之之后的湖湘学派集大成者。李文炤著述宏富，有《周礼集传》《家礼拾遗》《恒斋文集》等著作存世。

　　《勤训》是李文炤写给后辈的短文，劝诫他们一生要谨守"勤"字，语重心长而蕴含哲理。

勤训[1]

　　治生之道[2]，莫尚[3]乎勤。故邵子[4]云："一日之计[5]在于晨，一岁之计在于春，一生之计在于勤。"言虽近而旨[6]则远矣。

　　无如人之常情，恶劳而好逸[7]，甘食褕衣[8]，玩日愒岁[9]。以之为农，则不能深耕而易耨[10]；以之为工，则不能计日而效功[11]；以之为商，则不能乘时而趋利；以之为士，则不能笃志[12]而力行。徒然[13]食息于天地间，是一蠹[14]耳！

　　夫天地之化，日新[15]则不敝[16]，故户枢不蠹，流水不腐，[17]诚不欲其常安也。人之心与力，何独不然？劳则思，逸则忘，物之情也。

　　大禹[18]之圣，且惜寸阴[19]；陶侃[20]之贤，且惜分阴。又况贤圣不若彼者乎？

注释

1 勤训：阐述勤的重要性，告诫后辈。

2 治生之道：谋生的正确方法。

3 莫尚：没有超出。尚，高出。

4 邵子：邵雍，字尧夫，北宋著名理学家、数学家、诗人。

5 计：谋划，打算。

6 旨：意义，目的。

7 恶劳而好逸：憎恶劳动，贪图安逸。

8 甘食褕（yú）衣：比喻贪图食物、衣着的美好。

9 玩日愒（kài）岁：指贪图安逸，荒废时日。玩，轻玩；愒，荒废。

10 深耕而易耨：精心耕作，勤除杂草。谓勤于农事。

11 效功：显示出效果。

12 笃志：专心致志。

13 徒然：枉然，白费。

14 蠹：蛀虫，引申为害人的人或事物。

15 新：更新。

16 敝：坏，破旧。

17 故户枢不蠹，流水不腐：常转的门轴不遭虫蛀，流动的水不发臭。比喻经常运动，生命力才能持久。

18 大禹：夏朝的第一位君主，与尧、舜齐名的贤圣帝王，曾治理洪水。传说禹在治服洪水后，划定中国版图为九州 。

19 寸阴：日影移动一寸，比喻极短的时间。阴，日影。

20 陶侃：字士行，东晋名将。其曾孙为著名田园诗人陶渊明。

以勤为本，学有所成

文章开门见山地提出"治生之道，莫尚乎勤"，指明"勤"是立身存世的必由之路。成功没有偶然性，而在于日复一日的勤奋积累，须下苦功夫、狠功夫。李文炤并未强行灌输教育，而是从侧面援引古人的警句，以便后辈产生同理心：圣贤尚且如此勤勉笃行，那么普通人更要以勤为本，早做规划，谨守力行，才能学有所成。

接着，李文炤从"好逸恶劳"的弊端展开说理。如果整日只想着精美的食物、华丽的服饰，便不能成为一个好农夫、好工匠、好商人、好学子，一生碌碌无为，只是饱食终日的蛀虫罢了。在李文炤看来，无论是勤学，还是勤于具体的生产劳动，关键在于坚持不懈。业精于勤荒于嬉，行成于思毁于随。"勤"还意味着循序渐进，不断进取。做任何事，可以慢一点，但不能停下来。锲而不舍，金石可镂。唯有坚持，才能在某个领域有所成就。

训子诗解记

　　按是编不见于《文集》，然与朱子素论无不吻合。其于天命之本然，圣功之当然，修己治人之同然，皆一以贯之。或疑朱子有言爱子而欲其如此，公理也。必欲其如此，则私意矣。然则此编果传闻之不谬[1]乎？曰：无疑也。伯禽[2]就国，元公列亲贤之条。伯鱼趋庭，尼父垂诗礼之训。[3]是则上哲未能忘情于子也。陶渊明诫子云："尚想孔伋，庶几企而。"[4]及杜子美示儿云："曾参与游夏，达者得升堂。"[5]是则中材亦皆责备于子也，亏冶箕裘[6]之念，倘亦情之不能已者乎！暇日流览，略加注释，俾学者知所向往云。

注释

1 谬：错误的，不合情理的。

2 伯禽：姬姓，名禽，伯是其排行，尊称禽父，周文王姬昌之孙，周公旦长子，周武王姬发之侄，周朝诸侯国鲁国第一任国君。

3 伯鱼趋庭，尼父垂诗礼之训：伯鱼从庭前走过，孔子问他有没有学《诗经》，有没有学礼。后以"诗礼之训"指子承父教。伯鱼，孔子的儿子孔鲤。尼父，孔子，名丘，字仲尼。

4 所引二句出自陶渊明《命子》诗，此时陶渊明四十二岁，其长子陶俨已经十四岁，诗人在儿子即将步入"成童"期之时，写诗勉励他继承祖辈家风，努力成才。孔伋（jí），字子思，孔子之孙。相传孔伋忠实地继承了孔子的儒学思想。陶俨，字求思，含有向孔伋学习的意思。

5 所引二句出自杜甫的《又示宗武》，杜甫希望自己的儿子宗武像孔子的弟子曾参与子游、子夏那样，通达事理，加强自身修养，学识渊博。

6 箕裘：比喻祖先的事业。箕裘原指由易而难、有次序的学习方式，出自《礼记·学记》："良冶之子，必学为裘；良弓之子，必学为箕。"意思是：良匠的儿子，一定要先学习补缀皮衣；良弓的儿子，一定要先学习制作畚箕。

解读

行事端正，提升境界

这则短文是李文焰为朱熹写的训子诗所作的一番解析，文中提到朱熹此诗不见于《文集》，可能是散轶作品。这篇短文与其说是解读朱熹的训子诗，不如说是李文焰借此向世人展示他的教育理念。

朱熹作为理学大家，写诗训子，将天道、事功、修身一以贯之，并列举了周公旦诫伯禽亲贤；孔子敦促伯鱼读《诗经》、学礼；陶渊明写《命子》诗教育儿子继承祖志，努力成才；杜甫作《又示宗武》，希望儿子像曾参与子游、子夏一样学识宏博等事例。由此可见，先贤在爱孩子方面，与普通父母并无太多差别。

李文炤解读朱熹训子诗，对其教育理念表示认同。伯禽、孔子、陶渊明、杜甫等，远非世俗意义上建功立业的英雄人物，皆为道德操守为后世景仰之人，这从侧面反映李文炤不同凡俗的人生志趣与追求。成功的人生并非只有建功立业的世俗模式，做一个行事端正、明白事理的人，才能提升思想的境界，放大人生的格局。这也是当代青少年的人生必修课。

与儿章达

　　贺寿非古也。今之君子多有行之者，大抵皆行成而名立，可以无忝[1]于所生者尔。若我则少而有志，壮而自怠，不觉蹉跎以至于半百而迄无所成。每诵杜子美"多少浮生事，飘零付转蓬"[2]之句，不胜愧恨。此汝曹[3]之所当以为戒者，而反以为贺耶？况五兄弃世[4]，哀痛方殷[5]。乃欲释凶服[6]而受庆祝，则是坏法乱纪[7]，自身而始矣。尚能率子弟以古处乎！且人生盖棺事定[8]，故虎尾春冰[9]，日慎一日，犹恐名浮于实。此人心之所以惟危也。倘能兢兢，自守以终其身，则百世之下，自有公论耳，岂在乎屏帐之夸张也。千万力辞族姻诸友，莫作是念。不然，则不得不远行以避之。然以酷暑之时，而勒[10]人远行，于汝心亦有戚戚[11]焉者矣。

注释

1 无忝：不玷辱，不羞愧。

2 所引二句出自杜甫诗《客亭》，意思是，余生还有多少坎坷磨难呢？只能像那随风飘零的蓬草，顺其自然。

3 汝曹：你们。

4 弃世：离开人世。

5 方殷：谓正当剧盛之时。

6 凶服：丧服，孝衣。

7 坏法乱纪：破坏法制和纪律。

8 盖棺事定：犹盖棺论定。指人一生的功过是非，要到死后才能断定。

9 虎尾春冰：踩到虎尾，走在春天的薄冰上。比喻处于极端危险的环境。

10 勒：强制，逼迫。

11 戚戚：感动、触动的样子，指心中产生了共鸣。

解读

约束自我，勿求虚名

李文炤在写给儿子章达的这则家信中，围绕"贺寿"这件小事展开说理，教育儿子们约束自我，不要追求虚名。

作为儒家学者，李文炤尊崇古礼，开篇便以"非古"反对贺寿。他指出今人多重视贺寿，如果生平功德能与处世行为相匹配，心中尚不觉得羞愧，反之，则应以此为戒。

古人教子重视身教，即现身说法。李文炤谦称自己年少有远志，及至壮年有所懈怠，以致蹉跎半生而无所成，故以杜甫"多少浮生事，飘零付转蓬"诗句自警，并勉励儿子应该趁年轻时努力实干，心系家国天下，而非借"贺寿"之名，追求浮于表面的虚荣。况且，家中五兄不久前离世，又怎么能脱下丧服而开筵受祝呢？这实在是败坏人伦纲纪的表现，于礼有悖。如果说前文李文炤不提倡"贺寿"事件本身，那么这里显然是持批判态度了，他希望儿子们意识到自己的过失，以此引导他们持身以礼、重人伦、以贤孝治家。

李文炤以身作则，认为修德立身须时时谨慎低调、戒除恶习、守住人生底线，做到名实相符。百年之后，品行完美的人才能在历史上留下清白的名声，获得最公正的评价，寿筵再奢华，也不过是虚名，而且与德有亏。

因此，李文炤训诫儿子们，赶紧放弃"贺寿"的打算并劝辞亲友，如果做不到，那么只好强行要求他们暂时离家避一避风头，减少不必要的纷扰。我们今人读到这里，应当有所领悟。凡事适可而止，福虽未至，祸已远离。淡泊名利，放下攀比与排场，才能更接近生命本真的样子。

"贺寿"一事尘埃落定，李文炤的人生哲学却值得我们深思，人生的价值并不只在于世俗人眼中的金钱、名誉、地位，修身以诚，立身以德，才能芳名永驻。

陶澍

陶澍（1779—1839），字子霖，号云汀，湖南安化人。嘉庆进士，历任翰林院编修、国史馆纂修、四川乡试副考官、监察御史、户部给事中、川东兵备道、山西按察使、安徽布政使、安徽巡抚、江苏巡抚，官至两江总督，兼理两淮盐政。去世后晋赠太子太保，谥"文毅"，有《陶文毅公全集》。

陶澍是湖湘经世派主要代表人物，为国家革新吏治、发展经济作出了一定贡献，备受时人赞誉，在史书上也留下了清名。陶澍被后人誉为"湖南人才崛起的先导"，尤其注重对湖湘后学的培养和提携，晚清名臣曾国藩、左宗棠、胡林翼等人，都受到陶澍经世思想的熏染，成为经世致用的重臣。陶澍留传后世的家书极少，具有极为重要的史料价值，其中包含的清廉自律的品格、勇于任事的担当精神，为后人解读陶澍提供了另外的视角。

与族人书

前屡有信，谅均收到。前拟捐建承位公以下大五房支祠，想日内必起手[1]矣。此项工程不巨[2]，即可告竣，赶于冬至日将神主[3]迎入公祠设祭为妥。子厚业价当该找银二千两，于文富处接取，想已凭刘八兄等清结也。成甫将本湾老屋基并新建之屋左右两正宅，奉售于我，以为还债搬家之用，付价银三千八百两，已全给之。伊[4]将正屋中栋最高者迁往石头坪，作为内宅，以子扬所建者为外宅，规模巨大，比之本湾新大各屋更整齐耳。此因屋基阔大，故摆布得开，然亦尽可居住，不可再加奢侈矣。子厚契尚有未批界址之田山一契，已交发莹带回，批定后同老契一并寄来可也。至家中之事，萼楼贤侄同大春、谓明用心照料，本极妥善。但我路远心遥，未见底里，仍切悬念，烦照从前照轩兄经管之款式，每年开单寄来，将出入款目及所置产业何地何人价租一并寄知，庶几[5]一目了然。家信来往，可以便于商酌，不至久而遗忘，以致偶有舛错[6]，反失我祖宗家法肫肫[7]孝友之怀耳。此等簿册，即子扬前亦照办，现在益阳则按年如此，并非难办也。已详告发莹，言之当可详悉转述耳。

又从前接照轩兄有书谆谆言及，管家之人，切不可将自己之业转买于我，以免人言。即如颖川兄从前不遇[8]，移业就业，本无利之事，而且留口实。子扬则屡有此举，亦系迫于时势，不得已而然，人且非之。足见我照轩大兄老成见到之言，极为有识。此书至今收存，以表我大兄关爱之意至为深切著明[9]也。

又我大兄与颍川照管时立有承管家务字一纸，亦系克己自立、正己以正人之意，可为关爱照料者之法。昨经捡出，交十一弟带回，给贤侄等销毁。但此等均系至诚切己[10]，立此字以正己，即可以此晓谕[11]外人，秉正不阿，不但于我得其所托，而管家之人亦免于纷扰从众也。如我贤侄辈为我照料一切，能如照轩公之铁面全心，照此立字以训后来，则叨光[12]不浅矣。

又我曾有奉送照轩公诗二首，系伊到京送别时所作，现刻入谱，以表我弟兄友爱之意。而贤侄等亦各有赞词刻入谱中，亦如颜鲁公[13]家庙碑叙列其犹子诸人之意也。

明年拟恭建御[14]书阁，即于乡贤祠[15]东南角内，因年山方位尚须稍缓，俟[16]择吉寄回，再行兴工[17]，石料则预备亦可，已告发莹矣。

至发莹欲将其岩巴头田土与我，又欲将古垅坪田见售，我意实不谓然。一则发莹在彼弹压一切，不宜变扦，再则田山近溪，时有水淹，圮筑费工也。但恐伊事势逼迫，且系实心为我，于公于私极为得力之人，与众不同。或于岁收租谷巢[18]出时，借以钱二百千，俾[19]得了贴紧务，则此界不出售，亦伊兴家起业之根基永永不替矣。匆匆写此谕。

九月二十一日

注释

1 起手：动手或下手。

2 巨：大。

3 神主：设位致祭所用的死者或祖先的灵牌。多为木制，狭长形，中书死者姓名。后泛指一切作为祭祀对象的牌位。

4 伊：彼，他、她，多指女性。

5 庶几：表示希望的语气词，或许可以。

6 舛错：差错。

7 肫肫（zhūnzhūn）：诚恳的样子。

8 不遇：不得志，不被赏识。

9 深切著明：深刻而显明。

10 切己：贴心、知心。

11 晓谕：明白告知，使人领会。

12 叨（tāo）光：旧时称受人恩惠。语含感谢之意。

13 颜鲁公：颜真卿，官至吏部尚书、太子太师，封鲁郡公，人称"颜鲁公"。精于书法，与赵孟頫、柳公权、欧阳询并称为"楷书四大家"。

14 御：天子的、帝王的。

15 乡贤祠：东汉孔融为北海相，以甄士然祀于社。此为祭祀乡贤之始。明清时凡有品学为地方所推重者，死后由大吏题请祀于其乡，入乡贤祠，春秋致祭。

16 俟：等待。

17 兴工：兴建工程。

18 粜（tiào）：出售谷物。

19 俾（bì）：使。

解读

清廉守正，克己自立

陶澍的先祖可以追溯到东晋大将陶侃。出身寒门的陶侃"少长勤整，自强不息"，冲破了西晋门阀制度的藩篱，官拜大司马，曾长时间在长沙为官，逝世后葬在长沙。陶澍的祖父和父亲承先祖遗风，品学兼优，是备受当地人称赞的读书人。陶澍自幼受到父辈的影响，勤奋好学，青少年时期先后到长沙城南书院、岳麓书院学习。

陶澍母亲早逝，随后家道中落，陷入贫困。陶澍兄妹三人，弟弟陶潜由其伯父代为照顾，学业半途而废。妹妹陶姗英四岁便被送往湘潭周家做童养媳，年仅二十三岁便去世了。少年时代所经历的家庭变故，使陶澍早早体验了下层百姓的生活疾苦，也促使他"少负经世志"，入仕后关心国计民生、体恤民情，为官一方尽职尽责，成为勇于担责任事的廉吏。

陶澍长年在外做官，作为两江总督，政务繁忙，他却不忘抽出时间和精力，指导族人处理家族事务，包括修建、改建房屋，地契的管理，家产的经营等具体事项。

他建议族中弟子多来信，与他商酌家族事宜，以便增进交流，传承祖上遗训。陶澍为官清正，治家亦保持耕读传家的淳朴本色，不为子孙置办田产，持守清廉正气的好家风："管家之人，切不可将自己之业转买于我，以免人言。"

陶澍以"克己自立、正己以正人之意"训导家族子弟持身守正、勤廉立世。陶澍将颜真卿的家风教育作为榜样在家族中推广，颜真卿将子侄辈的文章刻于家庙来勉励家族子弟，陶澍认为陶家亦可效法。古人强调"求忠臣于孝子之门"，在家国同构的传统观念中，家风家训不是一家之事，更是社会风气与价值取向的体现。颜真卿兼具文化、军事才能，在国家陷入安史之乱之际，整肃朝廷纲纪，乃一股清流，这也寄托了陶澍希望家族子弟在规矩法度的范围内，自强不息，成长为有益于国家的有用之才。

陶澍的这封家书，务实中透出正直、自律，他作为廉吏的标杆，凡事奉公守法、无私坦荡，与那些贪赃枉法的官吏形成鲜明对比。陶澍去世后，一些淮商敬佩他为官清正无私，筹集了四万两白银作为奠仪，但陶夫人坚决拒收礼金，不愿意玷污陶澍的清正声名。可见，陶澍平时约束家人甚为严格。

廉洁教育要取得实效，不能一蹴而就，必定是青少年智力教育之外潜移默化的功课。在教育的过程中，家长要及时给青少年立规矩，指导他们为人处世不逾矩，保持敬畏心理，引导他们做一个奉公守法的好公民。

中进士后致家族书

仰沐皇恩，深叨[1]祖德。秋风八月，早披蟾窟[2]之香；春涨千层，直破龙门之浪。借一函以报捷，帖写金泥[3]；偕千佛而名经[4]，文夸玉屑[5]。黄绢[6]抄空中之手，朱衣点暗里之头[7]。耸霄汉[8]以骋怀，迢递[9]风云九万；晋丹墀而对策，纵横礼乐三千。[10]人事[11]颇工[12]，窃冀文呈北阙[13]；天荒可破[14]，漫教目炫南昌[15]。鳌首冠山[16]，仅附十八魁之末[17]；鹓班[18]领袖，犹居八九人之前。往日已非，新荣有份。乡榜[19]既有同于翰，朝考亦窃比于彭[20]。饼号红绫[21]，礼部赴簪花之宴[22]；恩承朱绂[23]，成均[24]分释褐[25]之班。入帝阙而九重[26]，觐天颜于咫尺[27]。上林风起，恰好莺迁[28]；中秘堂开，频闻鹊噪[29]。三生有福，挥大笔于木天[30]；六位乘时，列微名于蕊榜[31]。喜此日春风得意，长安看一日之花；[32]记当年夜雨挑灯，茆屋[33]抚中宵[34]之剑。素心[35]稍慰，壮志方长。事业务在通经，文章尚期报国。忝九十余人之列，敢云词翰[36]千金；寄四千里外之书，应博家庭一乐。尺鲤[37]有限，寸楮[38]难穷。我族人多，尚冀广培佳子弟；此间米贵，惟期多付孔方兄[39]。

注释

1 叨：承受。

2 蟾窟：蟾宫。唐以来称科举及第为蟾宫折桂，因以指科举考试。

3 金泥：以水银和金粉为泥，作封印之用。王仁裕《开元天宝遗事·泥金帖子》："新进士才及第，以泥金书帖子，附家书中，用报登科之喜。"

4 偕千佛而名经："千佛名经"本是佛经名，后借指登科名榜。

5 玉屑：比喻美好的文辞。

6 黄绢：本义为黄色的绢丝，后隐喻为佛教之经卷。这里喻指科举考试中的黄色答题纸。

7 朱衣点暗里之头：相传欧阳修主持贡院考试，每批阅试卷，觉身后有朱衣人点头示意，凡朱衣人点头认可的，都是合格的文章。（见明·陈耀文《天中记》卷三八）后用"朱衣点头"指考试中式。

8 霄汉：云霄和天河，指天空，此喻朝廷。

9 迢递：遥远的样子。

10 此二句出自林洪《宫词》："纵横礼乐三千字，独对丹墀（chí）日未斜。"指陶澍向家人追叙中进士参加殿试，从容作答得到天子赞许的情景。晋，进见，指臣下受天子接见。丹墀，宫殿前的红色台阶及台阶上的空地，此处用以代指宫殿。对策即策对，汉代士人应试时答皇帝有关政治、经济策问的文章，后代科举亦以此为取士的部分要求。礼乐，即《礼记》和《乐记》。这里泛指关于《诗》《书》《礼》《乐》《易》《春秋》等儒家经典的考试内容。

11 人事：人情事理。

12 工：擅长；善于。

13 北阙：古代宫殿北面的门楼，为大臣等候朝见皇帝或上奏章的地方。

14 天荒可破：旧时文人常用来表示突然得志扬名。宋孙光宪《北梦琐言》卷四载，唐荆州每年解送举人，多不成名，号曰"天荒解"。后荆南人刘蜕及第，号为"破天荒"。

15 漫教目炫南昌：漫，徒然之意。"目炫南昌"典出明洪武三十年（1397）会试的南北榜之争。当年春榜所取的五十二名进士全部为南方人，引起北方举人的不满。朱元璋大怒，亲自查问后，把三名主考官处死，夏榜所取的进士全为北方人。之后在明仁宗时确定，会试按地域分配名额。在会试的试卷中加上"南""北"等字，按"南六十""北四十"的规定录取进士。之后比例偶有调整，但按地域分配名额的制度一直沿用至清朝科举被废。

16 鳌首冠山：鳌首，即魁首。冠山，把山当帽子，比喻大。

17 仅附十八魁之末：据《陶澍年谱》可知，嘉庆七年（1802）四月，陶澍参加殿试，名列二甲第十五名，加上列于一甲的三个进士，陶澍的名次正好是第十八名。

18 鹓（yuān）班：指朝官的行列，也指同僚。鹓，即鹓鶵，是中国神话传说中与鸾凤同类的瑞鸟，用以比喻贤才或高贵的人。

19 乡榜：科举乡试的录取名单，代指乡试中式者，即举人。

20 朝考亦窃比于彭：朝考，清代科举制度。新科进士引见前由皇帝再考试一次，称朝考。朝考后授官，前列者为庶吉士，次者分别为主事、中书、知县等。窃比于彭，典出《论语·述而》："子曰：'述而不作，信而好古，窃比于我老彭。'"老彭，人名，是商初一位热心社会教育的"贤大夫"。孔子提出"述而不作"的原则，意思是只将古代好的东西陈陈相因，而不创立自己的思想。

21 饼号红绫：即红绫餤（dàn），唐代赏赐给进士的一种用红绫包裹的饼。

22 礼部赴簪花之宴：是指殿试后新科状元率领同科进士赴礼部专设的宴会，始于宋代。宋太祖规定，在殿试后由皇帝宣布登科进士的名次，并赐宴庆贺。由于赐宴都是在著名的琼林苑举行，故该宴有"琼林宴"之称。

23 朱绂（fú）：古代礼服上的红色蔽膝，后多借指官服，或指做官。

24 成均：古代的大学。《礼记·文王世子》："于成均以及取爵于上尊也。"

25 释褐：旧制，新进士必在太学行释褐礼，脱去布衣而换穿官服。后用来比喻做官或进士的及第授官。

26 九重：指宫禁，朝廷。喻帝王居住的地方。

27 觐天颜于咫尺：指近距离看到了皇帝。

28 莺迁：自唐以来，常以嘤鸣出谷之鸟为黄莺，故以"莺迁"指登第，或为升擢、迁居的颂词。出自《诗·小雅·伐木》："伐木丁丁，鸟鸣嘤嘤。出自幽谷，迁于乔木。"

29 鹊噪：鹊鸣。相传为喜兆。

30 木天：翰林院的别称。

31 蕊榜：科举时代的进士榜。

32 此二句出自唐孟郊《登科后》："春风得意马蹄疾，一日看尽长安花。"孟郊四十六岁才进士及第，金榜题名的喜悦之情、得意之态展露无遗。陶澍借此诗句表达自己进士及第之后的畅快心情。

33 茆屋：茅草屋。茆，同"茅"。

34 中宵：中夜，半夜。

35 素心：本心，素愿。这里指已经实现了科举登第的夙愿。

36 词翰：诗、词、文章等的总称。

37 尺鲤：典出古乐府《饮马长城窟行》："呼儿烹鲤鱼，中有尺素书。"后即以"尺鲤"指书信。

38 寸楮（chǔ）：简短的书信。楮，纸的代称。

39 孔方兄：对钱的戏称。亦称"孔方"。旧时铜钱外圆，内孔方形，故名。

解读

少年英豪，自强自立

陶澍作为晚清名臣，少年时代便显露出非凡的资质和禀赋。嘉庆五年（1800）八月，陶澍在长沙参加乡试，中第三十名举人；嘉庆七年（1802）春，参加壬戌科会试，登进士第，为第六十三名；同年四月参加殿试，名列二甲第十五名；之后的朝考，为嘉庆帝召见并钦点为翰林第五十五名，授翰林院庶吉士，成为湖南安化县史上第一个进士，年仅二十三岁，可谓少年英才。

陶澍喜登科第之后，第一件事便是写家书报喜，与亲人分享这一人生大事。此则家书出语豪阔、气势直上青云，少年得志后的那份狂喜之情自然流露在字里行间，展现了陶澍的真性情。金榜题名的陶澍，对未来充满了信心，眼界和胸襟更上一层楼："往日已非，新荣有份。"但以翰林院编修步入仕途的新科进士，在京官队伍中只是一枚小小的新秀，离国家肱骨大臣还有较远的距离。他回想起当年寒窗苦读的时光，在深夜里抚剑立下的高远志向，深感任重道远。"壮志方长"之际，陶澍在信中提出了关于家族前途的思考，"我族人多，尚冀广培佳子弟"无疑是警策族人须更加勤勉努力，成家立业是艰难的，建功立业传之子孙更非易事。

陶家一直有着崇儒重教的良好传统，陶澍的祖父陶寅亮和父亲陶必铨都是厚德崇实的读书人，尤其是祖父，宽厚仁爱、常年周贫济困，对幼年陶澍影响颇深。陶澍追念先祖遗德，感恩先祖积累的余庆。深感自己的成就得益于家族崇道善学的良好环境，他更希望族中其他子弟能够精进学问和能力，将家业一代一代传递下去，在重学劝教的过程中互相勉励，传递正向引导力量。

在家书的最后，陶澍向家人提出赶快寄来生活费的请求："此间米贵，惟期多付孔方兄。"可见陶澍虽然中了进士，但在生活成本颇高的京城谋生，实属不易。这境况与我们今天千千万万大学毕业生刚步入社会时简直如出一辙，亲切之感，扑面而来。原来，陶澍那样的大人物也会有和我们普通人一样的生活烦恼。但俗话说"好儿不吃分家饭，好女不穿嫁时衣"，长久来看，人总要学会自力更生、自给自足，才是最可靠的，美好的生活需要自己去创造。

魏源

魏源（1794—1857），原名远达，字默深，湖南邵阳人。道光进士，与同时代的陶澍、林则徐等"经世派"往来密切，协助江苏布政使贺长龄编成《皇朝经世文编》，有《古微堂集》《元史新编》《圣武记》《海国图志》等数十种著作。

魏源是近代中国"睁眼看世界"优秀知识分子的代表，受清政府鸦片战争失败的刺激，提出"师夷长技以制夷""变古愈尽，便民愈甚"的主张，开启了了解世界、向西方学习的新潮流。

读书吟示儿耆（其三）

　　君不见，猩猩嗜酒知害身，且骂且尝不能忍。飞蛾爱灯非恶灯，奋翼扑明甘自陨。不为形役[1]为名役[2]，臧穀亡羊[3]复何益！月攘一鸡[4]待来年，年复一年头雪白。得掷[5]且掷即今日，人生百岁驹过隙[6]。试问巫峡连营七百里[7]，何如蔡州雪夜三千卒[8]。

注释

1 形役：谓为形骸所拘束、役使。

2 名役：谓为功名所牵制、支配。

3 臧穀（gǔ）亡羊：《庄子·骈拇》载，臧、穀二人牧羊，臧挟鞭读书，穀去玩赌博游戏，二人都丢了羊。后因以为典，喻事不同而实则一。臧，奴仆；穀，小孩。

4 月攘一鸡：《孟子·滕文公下》记载，有一个人每天都要偷邻居家一只鸡，有人责备他这种品行不端的行为，他回答说，那就让我每个月偷一只鸡，等到明年我就不偷了。意在讥讽那些明知故犯的人。

5 掷：抛弃。这里指摒弃、远离那些不良习惯。

6 人生百岁驹过隙：比喻时间过得很快，光阴易逝。出自《庄子·知北游》：

"人生天地之间，若白驹之过隙，忽然而已。"白驹，白色骏马，或说喻太阳；隙，指缝隙。

7 巫峡连营七百里：刘备在巫峡扎营七百里欲夺回荆州，结果被陆逊火烧连营，败走白帝城。

8 蔡州雪夜三千卒：唐代李愬在大雪之夜率三千士卒攻入蔡州，擒获叛将。是为出奇制胜的经典战例。

解读

管理好时间，人生百岁如驹过隙

魏氏家族重视耕读传家的家风建设，家族子弟人才辈出，清朝道光年间，出了两名进士、两名举人和五名贡生。魏源的族孙魏光焘进士及第，官至两江总督，为收复新疆作出杰出的贡献。

魏源教育儿子魏耆珍惜光阴，专心读书，养成终身勤勉学习的好习惯，才能"博观而约取，厚积而薄发"。然而，勤学并不是一句口号，首先要摒弃杂念与不利于学习的不良习惯，拒绝外界的诱惑，守住一个"忍"字。淡看名利，凡事以忍为贵，只有大肚量、大智慧的人才能做到。如果不能在日常事务之中涵养"忍"的功夫，便会如猩猩醉酒、飞蛾扑火一般，害身殒命而悔之晚矣。"月攘一鸡"这样的反面教材，更当引以为戒。魏源这一番教育儿子的切实之语，形象而幽默风趣，引导儿子在思想上保持自省，求知奋进。

魏氏家族勤学的家风对魏源有潜移默化的影响，他十五岁考进县学，二十岁被录取为拔贡。一个从偏远山区走出来的知识分子，以长远的眼光、先进的思想引导国人"睁眼看世界"，这与他青少年时期所积淀的深厚学养分不开。他晚年写下《晓窗》诗："少闻鸡声眠，老听鸡声起。千古万古人，消磨数声里。"足以见出魏源是身体力行珍惜时间、潜心读书的典范。他在家书中勉励儿孙："得掷且掷即今日，人生百岁驹过隙。"时间是不等人的，认真对待每一个当下，才能如李愬一般，出奇制胜，取得成功。

读书吟示儿耆（其四）

　　《周易》非卜筮[1]，安能度秦焰[2]？《说文》[3]非篆刻[4]，安能寿铅椠[5]？诸子[6]未列博士科[7]，云何[8]名与周孔[9]俱不磨。糟粕[10]文字瞿昙[11]老，犹言说法须善巧。《太公家教》[12]竟安存，虎豹之鞟殊火藻[13]。如何裸袒[14]侏离[15]示真朴，尽舍葩华[16]求草木，尽舍玉帛[17]钟鼓[18]求礼乐[19]？

注释

1 《周易》非卜筮：《周易》不只是一本探讨卜筮的书。《周易》即《易经》，相传系周文王姬昌所作，内容包括《经》和《传》两个部分，乃群经之首。卜筮，古时预测吉凶，用龟甲的称"卜"，用蓍草的称"筮"。

2 秦焰：指秦始皇焚书事件，李斯建议秦始皇销毁除《秦记》、医药、卜筮、种树书外的民间所藏《诗》《书》和诸子百家书。

3 《说文》：即《说文解字》，中国最早的文字学著作，东汉许慎撰。首创部首排检法，字体以通行小篆为主，列古文、籀文等异体为重文。每字均按"六书"（象形、指事、会意、形声、转注、假借）分析字形，诠解字义，辨识音调。该书保留了大量古文字资料，对研究甲骨、金石等古文字有极高的参考价值。

4 篆刻：指将文字镌刻在玉、石、竹、铜器等坚硬的物体上，后专指制作印章。

5 铅椠（qiàn）：指古人用石墨、木板片等制成的书写工具，借指著作校勘。

6 诸子：指儒家以外的各种学术流派。

7 博士科：博士，古为官名。秦汉时是掌管书籍文典、通晓史事的官职，后成为学术上专通一经或精通一艺、从事教授生徒的官职。

8 云何：为何，为什么。

9 周孔：指周公和孔子。周公，西周时期卓越的政治家、军事家、思想家、教育家，儒学先驱。孔子，儒家学派的创始人。

10 糟秕：酒滓和空谷皮，比喻空泛无趣。

11 瞿昙：释迦牟尼的姓，亦作佛的代称。

12 太公家教：我国最古老的治家格言，收集了唐以前流行于民间的格言疏语。

13 虎豹之鞟（kuò）殊火藻：老虎和豹子只是毛的花纹与其他动物不同。鞟，去毛的兽皮。南朝梁刘勰《文心雕龙·情采》："虎豹无文，则鞟同犬羊。"

14 裸袒：赤身露体。

15 侏离：我国古代西部少数民族乐舞的总称。

16 葩华：指花。

17 玉帛：玉器和丝织品。古时用于祭祀、会盟等正式场合。

18 钟鼓：编钟、乐鼓。古代礼乐器。

19 礼乐：礼与乐。礼乃行为道德的规范，而乐能调和性情、移风易俗，二者皆可用以教化人民，治理国家。

脚踏实地，谨守真朴

魏源在给儿子的家书中，着重提出脚踏实地和尚真朴两点。如果说脚踏实地是人生立世行稳致远的根本，那么保持真朴则是提升人生境界的修炼方式。

魏源尚实用，认为实用的学问才能传之久远。他举了三个例子来佐证他的观点：《易经》本来是儒家经典，而非卜筮书籍，为什么能逃过焚书一劫呢？因为《易经》里藏有天地大道，对于治国有帮助，李斯也对它存有敬畏之心。《说文解字》虽然没有被镌刻在金石之上，却因书中保留大量古文字资料，有助于博古通今，因此不断传抄，流传后世。诸子虽然不是取士科目，却因各具学术特色，而像周公、孔子的著作一样，留下了不朽的名声和影响力。

魏源还告诫儿子要去虚浮，存真朴。晚清朝廷已经腐朽不堪，而魏源深受勤廉家风的影响，立身清正，崇尚俭朴，反对机巧，生活极其俭朴甚至是困窘（连病逝母亲的灵柩都无钱运回老家），一直恪守为百姓办实事的人生信条，积极营造崇俭去奢的社会风气，希冀以此挽救颓败的世风。

尚实尚真是魏源一贯的行事作风，也是他一直恪守的节行操守，他希望儿子继承老父亲经世致用的实干精神。对于整个家族命运而言，他认为唯有培养更多的实干人才，才能在乱世中保持门户屹立不倒。

读书吟示儿耆（其五）

　　君不见，花时少，实¹时多。花实时少叶时多，由来草木重干柯²。秋花不及春花艳，春花不及秋花健。何况再实之木花不繁，唐开之花³春必倦。人言松柏黛⁴参天，谁知铁根霜干蟠⁵九泉⁶。

注释

1 实：与"花"相对，指植物结的果。

2 柯：草木的枝茎。

3 唐开之花：指庭院里、温室中的花朵。唐，庭院中的道路。

4 黛：青黑色。

5 蟠：盘伏、盘曲。

6 九泉：泉是地下水，九泉指地下最深处，古人认为是人死后鬼魂所住的地方。

为人为学，摒弃浮华

魏源在这封家书中与儿子谈花、果、叶、枝干与根之间的关系：花、果、叶存在的时间都不如枝干多，而松柏能四季常青、参天挺立是因为地底下埋藏着健壮的根。魏源实际上是希望儿子为人为学摒弃浮华的外表，务实求真。"尚质实"既指做事认真的态度，更是一种养精蓄锐、厚积薄发的品行。无论是钻研学问，还是立身处世，甚至是从政为官，恪守"实"为根本，方能行稳致远。这是魏源传递给儿子的至真至简人生观，也是留给年轻后学的至理名训。

魏源一贯主张"通经致用"，曾以诗"文章声价贱，书史患忧真"抒发胸臆，表现出强烈的家国责任感和求实的行事作风。在政治上他主张以民生为改革导向，提倡创办民用工业，制造与销售轮船、火器等。作为两江总督陶澍的幕僚，他协助陶澍创行票盐改革、管理漕粮海运等国计民生工程。魏源就是务实家风的躬身力行者，他以实际行动为家族子弟树立了榜样。

务实精神是教育价值的依归，将青少年培养成以务实为底色的新时代接班人，是家庭教育的重要责任。

贺长龄

贺长龄（1785—1848），字耦庚，号西涯，晚号耐庵，湖南善化（今长沙）人，嘉庆进士。历任广西乡试副考官、南昌知府、江苏布政使等职，官至云贵总督。

贺长龄自幼聪颖好学，青少年时期入岳麓书院求学，师从罗典，是清代嘉庆道光时期著名的经世派大臣，学者型官吏。为官40年，勤于职守，极富经济之才。在南昌知府、江苏布政使、贵州巡抚等职任内，关心民瘼注重实干、兴办教育开启民智、发展经济农工并举，惠政颇多。又创建书院义塾，兴修府志，他主修的《遵义府志》被梁启超推为"天下府志第一"。工诗善文，著述颇丰，在江苏布政使任上组织编纂了《皇朝经世文编》。有《耐庵诗文集》《耐庵公牍存稿》等著作传世。

七言诗一首

余量移山左[1]，母氏及兄嫂惮[2]于远涉，行将[3]归矣，适以[4]闱事[5]羁身，益增离绪，悁然[6]成诗。

自我挟策[7]登公车[8]，骨肉南北分驰驱[9]。幸有弱弟[10]同蹇驴[11]，春风骶骺[12]仍江湖。侧身西望空踟蹰[13]，此生何日归故庐。俄[14]持使节[15]遵[16]苍梧[17]，家庭咫尺亲颜舒。期迫只得十日居，挟弟仍复京师趋[18]。圣明怜我形影孤，弟也分校中秘书[19]。数椽[20]破屋双槐扶，昕宵[21]课侄[22]声咿唔[23]。偶然传到双鲤鱼[24]，呼童烹酒齐轩渠[25]。时复文字相嬉娱，有疵交谪妍交誉[26]。天廷摛藻[27]帝曰俞[28]，并州[29]典学[30]今汝除。臣学不称[31]臣愿摅[32]，臣有老母方倚闾[33]。指日快奉安仁舆[34]，我马未瘏仆未痡[35]。朔风[36]北路霜雪粗，高年恐不堪长途。喜闻母至迎及衢[37]，鬓发虽白神则腴[38]。伯兄[39]季弟[40]来于于[41]，讶余何肥昔何臞[42]。母亦顾笑谈往初，谓汝犹记一二无。索衣觅果太憨迂[43]，叱[44]之暂去仍牵裾[45]。谈剧[46]时将情状摹，满堂掩口争胡卢[47]。此乐岂可多得欤[48]，后来视今当何如。始愿不及天恩殊[49]，两年重聚来洪都[50]。所苦政冗[51]晨昏疏，谓待稍暇相怡愉。忽忽已及一载余，天子有命将东徂[52]。老年不惯官阁[53]拘，秋风况复思莼鲈[54]。阿兄阿嫂方与俱[55]，我岂恋此官区区[56]？国恩方厚安有躯，未老终当竭钝驽[57]。傥得乞近私遂乌[58]，获请亦俟[59]异日图。眼前胡不相依于[60]，愿且为我留斯须[61]。

注释

1 山左：特指山东省。因在太行山之左(东)，故称。这里指贺长龄到山东做官。

2 惮：害怕，担心。

3 行将：即将，将要。

4 适以：适，恰巧。以，因此。

5 闱事：关于科考的事。闱，考试时办理命题、印试卷的场所。

6 惓（quán）然：真挚诚恳的样子。

7 挟策（xiécè）：手拿书本。喻勤奋读书。

8 公车：汉代举孝廉乘公家车马赴京，后世以"公车"代称举人入京应试。

9 驰驱：奔走效力。

10 弱弟：幼弟。

11 蹇驴：跛足、驽劣而弱小的驴子。

12 眊矂（màosào）：烦闷。

13 踟蹰（chíchú）：徘徊不前的样子。

14 俄：不久。

15 使节：古时称使臣所持的符节信物。

16 遵：顺着、循着。

17 苍梧：县名。也指九疑山的别名。

18 趣：古同"促"。催促，急速。

19 分校中秘书：分校，分任校勘之事。中秘书，古代称宫中所藏的书。

20 椽（chuán）：放在檩上架着屋顶的木条。

21 昕宵：早晚。犹言终日。

22 课侄：督教侄儿读书。

23 咿唔（yīwú）：读书声。

24 双鲤鱼：古人常将书信结成双鲤形或将书信夹在鲤鱼形的木板中寄出，故以双鲤鱼为书信的代称。

25 轩渠：欢笑的样子。

26 有疵交谪（zhé）妍交誉：有不好的地方就互相批评，好的便交相称赞。疵，毛病、缺点。

27 摛（chī）藻：铺陈辞藻。

28 俞：表示允许。原指帝王允许臣下的请求，后在一般书信中用作请对方允许的敬辞。

29 并州：古州名。其地约当今河北保定和山西太原、大同一带地区。

30 典学：指经常勤学。

31 不称：不显扬，不称道。

32 摅（shū）：表达，发表。

33 倚闾（lú）：靠着里门，形容父母盼望子女回家的样子。

34 指日快奉安仁舆：指想早日回家侍奉父母。此处用潘岳辞官奉母回乡的典故。指日，不久；舆，车子。

35 瘏（tú）：因劳致病。 痡（pū）：过度疲劳。典出《诗·周南·卷耳》："陟彼砠矣，我马瘏矣。我仆痡矣，云何吁矣。"

36 朔风：北方吹来的寒风。

37 衢（qú）：大路。

38 神：神采。腴：丰润。

39 伯兄：称长兄。

40 季弟：最小的弟弟。

41 于于：相属，相继。

42 臞（qú）：瘦。

43 憨迂：这里指幼童言行憨痴可爱。

44 叱（chì）：吆喝。

45 裾（jū）：衣服的前襟或后襟。

46 谈剧：谈笑。

47 胡卢：喉间的笑声。

48 欤（yú）：置于句末，表疑问、反诘等语气。

49 殊：特别的，异常的。

50 洪都：江西南昌的别称。隋、唐、宋时南昌为洪州治所，唐初曾在此设都督府，因以得名。

51 冗：繁忙。

52 东徂（cú）：往东去。徂，往，去。

53 官阁：官署。

54 秋风况复思莼鲈：化用典故"莼鲈之思"，比喻思念故乡的心情。据《晋书·张翰传》："翰因见秋风起，乃思吴中菰菜、莼羹、鲈鱼脍，曰：'人生贵得适志，何能羁宦数千里以要名爵乎！'遂命驾而归。"

55 俱：一起，在一起。

56 区区：形容微不足道。

57 钝驽：即"驽钝"。指才能低下愚钝，常用为自谦之辞。

58 傥得乞近私遂乌：倘若有机会，我当满足自己报答父母养育之恩的心愿。傥，倘若，如果；遂，满足；乌，相传乌鸦能反哺，所以常用来比喻子女对父母的孝养之情。

59 俟：等待。

60 于：用于句尾，表示疑问的语气。

61 斯须：片刻、短暂的时间。

解读

家国责任，与孝道并行

贺长龄受朝廷委任去山东做官，陪同他在南昌任上的母亲及兄嫂打算回老家，离别之际，贺长龄赋诗抒怀。他回想起进京应试以来与家人分离、团聚的种种场景，特别表达了对母亲深切的思念。少年读书时光及与弟弟贺熙龄在京城为官，施展才略的人生往事，那年的一纸家书历历在目，异常珍贵，对于抚慰背井离乡思乡心切的他来说，真是一碗心灵鸡汤，可舒缓繁杂公务的疲惫，暂忘乡愁乡思。

家，始终是远方游子心灵栖息的温暖安全地带，对母亲的依恋乃人之常情。贺长龄思念和牵挂着自己的母亲，也流露出因未能侍奉在年迈母亲身边的内疚和遗憾，"愿乞终养"的一片真情出自肺腑。读之尤其令人动容，也表明贺长龄注重孝道的践行。

贺长龄为官主政以爱民为本，救民疾苦，以为百姓办实事为己任，不贪恋荣华富贵，将对家中年迈父母的爱，扩展到"老吾老以及人之老"的社会责任感，"愿且为我留斯须"是他先报国恩、再回家尽孝的抉择，唯愿老天能留给他更多时间侍奉父母，以全人伦之美德。

世间父母，永远都将子女放在第一位，陪伴子女走过人生的顺境和逆境，这种世间最伟大的本质之爱，是人生的雨露和阳光，给人以温暖和力量。当代青少年对待父母应该怀有感恩之心，多陪伴父母左右，抽时间与他们真诚地交流，及时行孝，让人生不留遗憾。

贺熙龄

　　贺熙龄(1788—1846)，字光甫，号蔗农，湖南善化（今长沙）人，贺长龄之弟。嘉庆进士，选庶吉士，授编修。历任河南道监察御史、湖北学政等职。后因目疾乞归，主讲长沙城南书院长达八年之久，并于岳麓书院倡建湘水校经堂，培养了左宗棠等一大批经世致用之才。晚年筑室东城，布衣蔬食，名其居曰"菜根香"。著有《寒香馆诗文钞》传世。

　　贺熙龄虽然仕途不如哥哥贺长龄显赫，但他作为硕学鸿儒，曾主持湖北学政，担任岳麓书院主讲，将主要精力用于培育后学，成为一批晚清名臣的良师益友，其教育思想对今人仍有启迪之处。

训宜昌府文生

你们文章，科岁两考我已看过两次，文章好的亦复不少，也有切实说理的，也有词气朗畅的，然而求其理实、气空二者兼之则颇难。万事万物都离不了"理""气"两个字，人负健顺[1]五常之理[2]，而生人无理则何以为人？然假若无气，则块然一物，形同木偶，手足何以持行？耳目何以聪明？文章若无理则浮词滥调[3]，陈陈相因[4]，何以为文？然假若有理而无气，则必滞塞不灵，甚且至于文气隔绝，首尾不能运掉。古来大家文章，总是精理[5]灏气[6]相辅而行，文章选本只有钦定[7]最为醇粹[8]。平日读文，凡是成宏化治[9]都要读，才晓得文章之源流，至于学他的文章，则止可学正嘉[10]启祯[11]及本朝诸大家。成宏之文味淡声希，恐场中难看，若正嘉启祯及本朝诸大家之文，论理则是日光玉洁之理，气则长江大河之气。这样文章可以荣世，亦可以传世，断不可存揣摩时俗之见，以致同流合污，反致一世无成。然而功夫却不容易，其用功之道宜求之于六经[12]，而六经之义理散见于诸儒之语录，故六经之道难明，而宋明以来诸儒所言义理则显而易见。故平时宜常看先儒之语录，则道理融彻[13]于心中，不独作文有把握，即立身处事无不有所持循[14]。

大约圣贤功夫，总是"自反"二字，我辈用功，除了自反，亦断无进功之日，立身行己固宜自反，即作文应举亦宜自反。孟子曰"君子之所以异于人者，以其存心"，"有人于此，其待我以横逆[15]"云云，此立身、行己、待人之宜自反也。"仁者如射，射者正己而后发"[16]云云，此作文应举之宜自反也。人能事事自反，则于道思过半矣。圣贤之道无穷，而其扼要[17]处总不过反求诸身，一部《四书》，说的都是自反的学问。"其为人也孝弟"[18]，"吾日三省吾身"[19]，孔夫子之自责以"君子之道四，丘未能一"[20]，你看那一处不是自反的学问。别处岁考[21]之后，到科考时还可以来，你们这里科岁并考，只能来这一次，底下却不能再来，与你们讲究。你们总是拿定这两个字去做功夫，凡立身、行己、读书、作文、应举俱可以日进无疆[22]，却不要孤负了我这一番期望谆属之意。

注释

1 健顺：健康、顺遂。

2 五常之理：指仁、义、礼、智、信，也可指父义、母慈、兄友、弟恭、子孝等五种伦常道德。

3 浮词滥调：指言之无物、空泛的论调。浮、滥，浮泛不合实际。

4 陈陈相因：原指京都仓库的粮食逐年增加，导致陈粮上再堆陈粮。后比喻因袭旧例，而无革新进步。

5 精理：精微的义理。

6 灏（hào）气：正大刚直之气。

7 钦定：旧称皇帝的著述，或经其裁定者。

8 醇粹：精纯不杂。

9 成宏化治：明朝成化和弘治年号的合称。成化是明宪宗朱见深的年号。弘治是明孝宗朱祐樘的年号。

10 正嘉：明朝正德和嘉靖年号的合称。正德是明武宗朱厚照的年号。嘉靖是明世宗朱厚熜的年号。

11 启祯：明朝天启和崇祯年号的并称。天启是明熹宗朱由校的年号。崇祯是明思宗朱由检的年号。

12 六经：指《诗》《书》《礼》《乐》《易》《春秋》六部儒家经典。

13 融彻：通明透彻。

14 持循：遵行。

15 横逆：强暴不顺理的行为。

16 所引二句的意思是：有仁德的人就像射手，射手先端正自己的姿势然后才放箭。

17 扼要：行文或发言切中肯綮。

18 其为人也孝弟：指一个人孝顺父母，友爱兄弟。弟，也作"悌"。

19 吾日三省吾身：我每天多次反省自己。三，表示多次或多数。

20 君子之道四，丘未能一：君子之道有四个方面，孔丘我没做到任何一个方面。表现了孔子的谦逊。出自《中庸》："君子之道四，丘未能一焉：所求乎子，以事父，未能也。所求乎臣，以事君，未能也。所求乎弟，以事兄，未能也。所求乎朋友，先施之，未能也。"

21 岁考：明代提学官和清代学政，每年对所属府、州、县之生员、廪生举行的考试，分别优劣，酌定赏罚。凡府、州、县的生员、增生、廪生皆须应岁考。

22 日进无疆：每天都保持没有止境的进步。

解读

论读书文本选择的重要性

在这篇训诫宜昌府士子的文章中，贺熙龄首先提出万事万物都离不开"理""气"二字，文章亦然。他认为："理"是符合社会礼仪规范的为人处世的原则，就写文章而言，"理"指的是文章的思想内涵；"气"是灵动的生命磁场，是万物从内在生发出来的一种蓬勃生命力，"气"在文章中，就是指文气，即写文章的气势。好的文章应该是理、气相辅而行。

由此，贺熙龄谈到了读书的文本选择问题。他认为读书应该从经典入手，而非跟风揣摩时下流行的文章，古代圣贤大多也是持这个观点。多读多领悟先儒语录，不只对写文章有帮助，对于提升德行修养，安顿身心也十分有益。

学海无涯，青少年课业繁重，时间有限，阅读的文本选择尤为重要。多了解青少年的阅读兴趣，必要的时候，可以开出有针对性的书单，为他们提供有益的、少走弯路的荐读交流信息。青少年读书好比盖高楼，及早将地基打牢夯实，方能轻松去占据阅读的高地，从书中提炼思想与见识，内化于心，外化于行。

贺熙龄告诫诸位学子，立身、正己、待人终离不开"反省"二字。"反省"是为人处世要理智地看到自己的不足，然后加以改进。"反省"不在表面功夫，是道德上的自觉和行动上时时更新的知行合一。今日的我们，能否见贤思齐，见不贤而内省呢？

望家书不至

　　自寄平安书，流光已逾月。春水怅湘流，双鳞[1]千里隔。绪雨吹寒风，忧来坐兀兀[2]。记我出门时，母病精气越[3]。丁宁[4]加餐饭[5]，牵裾语时蹶。岂不戒远游，无奈饥驱迫。衰年饮食薄，况此久病厄[6]。参苓[7]混真赝[8]，未足荣血脉。杖屦[9]谁扶持，汤药谁调择。翻[10]愧在家日，子职多谴责[11]。姊妹共七人，长者已如客[12]。小妹如姊良，妆台弄粉帛[13]。慧心适母意，依依奉朝夕。少妇性颇柔，承颜[14]保无阙[15]。泰儿方二龄，面洗桃花白。绕床索梨枣，或足助欢悦。显扬皆虚荣，菽水[16]有真怿[17]。翻悔识字难，不如力田益。日日上江楼，白云黯遥陌。归心随春鸿[18]，恨无双飞翮[19]。

注释

1 双鳞：即"双鱼"，代指书信。

2 兀兀：昏沉的样子。

3 精气越：精神元气消散。越，消散。

4 丁宁：也作"叮咛"，反复地嘱咐。

5 加餐饭：谓尽量多进饮食。多为劝慰保重身体之辞。

6 病厄：形容病得十分严重。厄，灾难、困难。

7 参苓：中药名。人参与茯苓。有滋补健身的作用。

8 真赝（yàn）：真假。

9 杖屦：手杖和鞋子。因皆为出行时的用具，故引申为脚步、足迹。

10 翻：反而，却。

11 子职多谴责：作为儿子未尽到就近孝养父母的责任而应该受到责备。

12 长者已如客：指长姊出嫁多年，回家已如同客人。意指分别已久。

13 粉帛：这里指梳妆打扮。粉，胭脂和香粉；帛，丝织品的总称，此指衣服。

14 承颜：顺承尊长的脸色。谓侍奉尊长。

15 无阙：没有过失。阙，过失。

16 菽水：豆与水。指所食唯豆和水，形容生活清苦。语出《礼记·檀弓下》："子路曰：'伤哉！贫也！生无以为养，死无以为礼也。'孔子曰：'啜菽饮水尽其欢，斯之谓孝。'"后常以"菽水"指晚辈对长辈的供养。

17 怿：喜悦。

18 春鸿：春天的大雁。

19 飞翮（hé）：飞鸟。

大尊尊亲，其次弗辱，其下能养

百善孝为先。"孝"是中华民族最重要的传统美德之一，在古代中国，践行孝道，不仅是对一个人品行的终极评价，推而广之，更是一种家族的、集体的价值取向，甚至上升了到"以孝治国"的高度。

《礼记》中有关于孝养父母的三种境界，历来被人奉为至理名言："孝有三：大尊尊亲，其次弗辱，其下能养。"可见孝顺父母，不能只停留在给父母提供衣食住行，不仅要在生活上照顾好父母，更要给予他们情感上的满足。要做到"爱"与"敬"，即精神上的"顺"。

父母是生命之源，古语有言："树欲静而风不止，子欲养而亲不待。"每个人对父母尽孝的时间都是有限的，尤其是现代社会，太多的年轻人忙于自己的生活和事业，虽有孝心，却很少能抽出时间陪伴父母。趁父母健在，好好孝敬他们，在接受他们的爱的同时，别忘了及时回馈他们一份感恩之爱，那将是照亮他们晚年幸福生活的微光。

胡达源

　　胡达源（1777—1841），字清甫，号云阁，湖南益阳人。清中兴名臣胡林翼的父亲。他幼承家学，二十岁入岳麓书院，为院长罗典弟子。曾以一甲第三名进士及第，直接入翰林院，授编修。后官至詹事府少詹事，为四品京堂。

　　胡达源出身于书香门第，父亲胡显韶博涉经史，叔父胡显璋为龙州书院院长，都是经世之才。胡达源精研孔孟之旨、探求理学之道，在饱读诗书的同时正身修心，对家族子弟的人格塑造和德行修养影响深远，其子胡林翼能成为湘军将才，父亲的影响不容小觑。

　　胡达源所著《弟子箴言》是一部培养湖湘学人的德育教材，在立志、修身、读书等方面的教育思想和观念，极大地影响了曾国藩、李元度、左宗棠等一批国之栋梁，对于当地士风的端正、人才的培养起了重要作用。

弟子箴言序

匠者之有规矩，不易之法[1]也；儒者[2]之有教令[3]，不易之理也。浸灌[4]乎仁义中正[5]之理，以范乎准绳规矩之中，要必自弟子始。程子[6]曰："人之幼也，心知未有所主，则当以格言[7]至论[8]日陈于前，使皆盈耳充腹。若固有之后，虽有谗说摇惑[9]，不能入也。"然则教弟子者，岂可以不豫[10]哉？

达源方六岁，先祖襟江公教之读书，于古人嘉言善行，随时指授，辄[11]有所感触于心。稍长，侍家大人律臣公讲席，督策益严。凡掖之使进于善，杜之使远于恶者，引据[12]古今，旁通互证[13]，津津焉不倦于口。弱冠游岳麓，受业于罗慎斋[14]夫子[15]凡十年。通籍[16]后，益得闻绪论[17]于大人[18]长者之前。盖其提撕[19]警觉，莫不精微[20]洞透，劝戒炯然[21]。此达源所夙夜[22]秉承，而不敢放逸[23]怠惰以自暴弃者也。

顾尝窃念生平志向有定，庶几[24]循序而渐进焉者，既已备承父师之教，独不思推衍绪余[25]，为弟子诲乎？况弟子浑然之天性甚易漓[26]，宽然[27]之岁月甚易逝乎？于是撮举[28]旧闻，往复告语，引伸之以畅其义，曲喻之以达其情。或援经以明得失之幾，或证史以立是非之鉴。辞归明显，意寓箴规[29]，其所以奖劝而儆惕[30]者，盖亦略具于此。乃汇辑而类分之，次为十六卷。士莫先于奋志气，而学问则择执之功；莫切于正身心，而言语则荣辱之主。修其彝伦[31]族党[32]之谊，谨其直谅[33]便佞[34]之闲，严其礼教范围之防，辨其义利公私之界。谦让节俭，善之修也。骄惰奢侈，恶之戒也。德备而才全，体明而用适，故以扩才识、裕经济[35]终焉。

夫今日之弟子，异日之成材也。栋梁宜广厦之施，舟楫[36]致大川之用，即其所以表见于世，卓然共称为天下之材。抑知天地山泽之气，旁礴郁积，发为英奇。大匠工师，复正之以绳墨，范之以规矩，[37]而后栋梁之施始著，舟楫之用始彰[38]。材之成就，夫岂易易也哉？吾故曰：教弟子者，不可以不豫也。

呜呼！导之则从，禁之则止，孰不乐其弟子之贤，而虑其弟子之恶哉？矧[39]吾惓惓[40]之意，所责望于弟子者，尤远且大乎？弟子苟[41]鉴于是而知勉焉，奋发果毅[42]，笃实践履，毋好奇，毋自是，毋畏难苟安。[43]以圣贤为必可学，以道德为必可行。时敏日新[44]，无少间断，其有不臻[45]于德崇而业广者鲜矣[46]。则是编也，岂非弟子成材之助哉？

注释

1 法：标准、规范。

2 儒者：尊崇儒学、通习儒家经书的人。汉以后泛指一般读书人。

3 教令：这里指有头衔的人制定的有关教义或法令。

4 浸灌：浸渍，熏陶。

5 中正：不偏不倚。

6 程子：此指宋代理学家程颐。

7 格言：可以为人法则、砥砺言行的简短词语。

8 至论：指高超的或正确精辟的理论。

9 摇惑：迷惑动摇。

10 豫：通"预"，事先。

11 辄：即，就。

12 引据：引证。

13 旁通互证：广泛通晓，相互证明。

14 罗慎斋：罗典，字徽五，号慎斋，清湘潭人。乾隆进士，授编修，擢御史，历官鸿胪寺少卿。归主岳麓书院讲席二十七年，卒祀乡贤祠。

15 夫子：旧时称呼学者或老师。

16 通籍：谓记名于门籍，可以进出宫门。后来称做官为"通籍"。籍是二尺长的竹片，上写姓名、年龄、外貌特征等，挂在宫门外，以备核实入宫者身份。

17 绪论：这里指书籍或文章的主旨和精髓。

18 大人：这里指德行高尚、志趣高远的人。

19 提撕：教导，提醒。

20 精微：精深微妙。

21 炯然：明白的样子。

22 夙夜：从早到晚。

23 放逸：放纵逸乐。

24 庶几：或许可以，表示希望的语气词。

25 绪余：后代。

26 漓：浅薄。

27 宽然：宽缓、悠闲。

28 撮（cuō）举：撮要举出。

29 箴（zhēn）规：规劝。

30 儆惕（jǐngtì）：使戒惧。

31 彝伦：常道、伦常。

32 族党：聚居的同族亲属。

33 直谅：正直诚信。

34 便佞：巧言善辩，阿谀逢迎。

35 经济：经世济民。

36 舟楫：船只。

37 正之以绳墨，范之以规矩：用墨线来测量，使之平直，用圆规和矩尺来勾画，使之符合标准。

38 彰：表露，宣扬。

39 矧（shěn）：况且。

40 惓惓（quánquán）：真挚诚恳。

41 苟：表示希望或推测。

42 果毅：果敢坚毅。

43 毋好奇，毋自是，毋畏难苟安：不存偷窥好奇心，不自以为是，不害怕困难，不苟且偷安。

44 时敏日新：每时每刻都勤勉，每天都有进步。敏，勤奋，勤勉。

45 臻（zhēn）：达到。

46 鲜矣：少。矣，文言助词，无实义。

主动学习，不浮不躁

　　《弟子箴言序》是一篇扶世教、励风俗的序言，归旨深远，使人警醒。开篇分析学习态度的重要性。胡达源认为，人只有具备了自觉自发的主动学习能力，才能感慕圣贤的嘉言善行，内化为自己的道德文章，陶冶情操，充实内心。而端正的学习态度是获取知识的前提。他追忆儿时先祖教他读书、青少年时期在岳麓书院求学于罗慎斋的场景，现身说法地告诫子弟，增进学问，须下苦功夫，沿着既定目标，稳妥地前进。

　　胡达源对士子寄予厚望，所以要求也特别严格。他认为：弟子要成材须勤勉不移，以踏实的行动戒除骄奢淫逸，将精力放在修炼自我上，坚持不懈地精进学问，日日自新，保持进步。教育的最高境界是激发人们内心的精神力量，青少年只有心怀理想、足履实地，才有可期的未来。

胡林翼

　　胡林翼（1812—1861），字贶生，号润芝，湖南益阳人。道光进士，选翰林院庶吉士，授编修。道光二十年（1840）任江南乡试副考官，道光二十七年（1847）外放贵州安顺府知府，后调署镇远府知府、补黎平府知府。咸丰三年（1853），太平军夺取东南数省并建都南京，清廷急调胡林翼赴湖北军营委用，此后胡林翼逐渐成为湘军重要统帅之一，官至湖北巡抚。咸丰十一年（1861）卒，谥文忠。胡林翼治学不专重文艺，但究心吏治，博涉兵略，有《胡文忠公遗集》《读史兵略》《读史兵略续编》等著作传世。

　　胡林翼出身书香门第兼官宦之家，其父胡达源为嘉庆二十四年（1819）一甲第三名进士（探花），对宋明理学极有研究。胡林翼天资聪颖，少负文才，自幼深受家学熏陶。据史料载，胡林翼六岁便跟着祖父学习《论语》，八岁时，其祖父在益阳修志馆编修志书，他随侍在祖父身边，受益于得天独厚的教育环境优势，因此也承载了更多的社会责任，甚至是家国使命。

致枫弟敏弟仪翼弟

别来诸弟谅皆康健。兄与保翼到省已久，一切幸皆安适。黔[1]本为先严[2]持节[3]地，兄亦曾淹留[4]多时，风俗夙所习闻。天下官方，日趋于坏。输金为吏者，类皆择其地之善者，以为自肥计[5]。黔，硗瘠之所，边僻之境也，为人所掉首[6]而不顾者。然兄独有取于黔者，诚以黔之官吏尚能奉上以礼不以货，以礼则知自重，不以货则知恤民，而治理庶几可冀。

兄初为政，遇贫瘠之士，当可以保清白风，而不致负国。当兄之将入黔也，曾躬至先人墓，誓必竭其赤忱，恪恭[7]将事，以报知遇[8]。苟有以一钱肥家者，神明殛[9]之。耿耿此心，度亦为诸弟所鉴及者。惟取之焉廉，则其用之焉亦不得不靳[10]。诸弟幸努力治事，勿谓阿兄已做官，用途不妨阔绰[11]也。

道光二十七年十月初八日

注释

1 黔：贵州的别称。

2 先严：亡父。对已离世的父亲的尊称。

3 持节：古代使臣奉命出行，执符节以为凭证，故称出使为"持节"。

4 淹留：长期逗留；久留。

5 肥计：这里指赚钱而不费力的差事。肥，本指肉多。

6 掉首：转过头。不理睬貌。

7 恪恭：恭谨；恭敬。

8 知遇：即知遇之恩，给予赏识或重用的恩情。

9 殛（jí）：惩罚。

10 靳（jìn）：吝惜。

11 阔绰：豪华奢侈。

解读

谨慎节制，担当有为

在这封写给弟弟们的家书中，胡林翼坦承，自己将为国家鞠躬尽瘁，而非通过做官为自己谋取私利。"苟有以一钱肥家者，神明殛之。"此语既是胡林翼殷殷表达自己清正廉洁的志节，更是他希望弟弟们清白做人，传承良好家风。

胡林翼与弟弟论及天下吏治腐败，官场贪墨成风，他深感忧虑，认为这对于清正的民风是一种无底线的击溃。官员都是读书人出身，理应积极践行法度与规矩，成为奉公守法的倡导者，但他们都倾向于选择富庶之地、肥美之差，以权谋财谋利，走向腐化堕落之路。

胡林翼结束丁忧守丧期，重返官场。他选择一般官员不愿去的贫瘠之地——贵州。胡林翼看重贵州官员以礼自重，体恤百姓而不计较个人得失，正是这些有别于其他地方官员的操行让他深受触动。他立志在贵州安顺知府任上兴利除弊，为老百姓谋福祉，不负众亲友所托。

胡林翼将教育的课堂置于广阔的社会背景之下，教弟弟们分析天下形势、了解民生现实，以便更好地深入实际生活，约束自我，治理好家族事务，实现人生抱负。

最后，胡林翼跟弟弟们明言，自己做官将秉承祖训，廉洁自律、坦荡无私。他说，自己来贵州就任之前，曾去过先祖的墓地祭拜，意在警醒自己身在忠孝之家，当传清白门风。如果有贪污受贿的行为，哪怕只是小小的一文钱，也将被神明惩罚。他认为贫寒之士，即便身处贫贱之境也应不改高洁志趣、坦荡磊落。

作为新时代青年，将身负重担，成为党和国家事业发展薪火相传的接班人。如何坚定理想信念，崇尚真、善、美，提振精气神，扣好人生的第一粒扣子；如何积学储才，在时代的洪流中，勇做开拓者与奉献者，砥砺奋进：这些，都需要在与青少年交流、探讨的过程中去寻求答案。

致枫弟敏弟

　　二弟在家，闻颇好舒服。兄闻之，以为非是。人生衣食住，诚为不可缺一者。然衣仅求其暖，食仅求其饱，住仅求其安，初不必衣罗绸，厌膏腴[1]，而处华美之室也。吾家素尚俭朴，祖父在时，年届古稀，而辄喜徒步，不甘坐肩舆[2]；父亲亦常劳筋骨，饿体肤，不自逸豫。吾兄弟数人虽所禀不同，然体质均尚健硕，年又值盛壮，安可甘自暴弃，放荡形体！沃土之民不材，瘠土之民向义[3]，如之何而可忘怀耶？幸勉思所以自立，晏安鸩毒[4]，戒之戒之。

道光二十八年四月十四日

注释

1 膏腴：比喻事物丰富、华美。刘勰《文心雕龙·诠赋》："遂使繁华损枝，膏腴害骨，无贵风轨，莫益劝戒。"

2 肩舆：轿子。车厢形，内可坐人，架上竹竿，可使人以肩抬着行走，为古时的一种交通工具。白居易《东归》诗："翩翩平肩舆，中有醉老夫。"

3 沃土之民不材，瘠土之民向义：出自《国语·鲁语下》："沃土之民不材，淫也。瘠土之民，莫不向义，劳也。"这句话的意思是，富庶地方的人们没有才能志向，因为他们耽于享乐；贫苦地方的人们都坚守信义，因为他们勤奋努力，自力更生。

4 晏安鸩毒：谓贪图享乐等于喝毒酒自杀。出自《左传·闵公元年》："诸夏亲昵，不可弃也。宴安鸩毒，不可怀也。"晏，同"宴"。鸩，传说中的毒鸟，用其羽毛泡酒，有剧毒。

解读

<h1 style="text-align:center">戒奢侈浪费，俭以养德</h1>

　　这封家书中，胡林翼听说二弟在家过舒适日子，直接提出了严厉的批评！沉迷感官的享乐使人丧失斗志，长此以往，学业荒废，一事无成。说得严重一点，胡林翼谓贪图享乐等于喝毒酒自杀，整个人都毁了，人生抱负更无从谈起。对于这一点，胡林翼是深有体会的，他年轻时生活作风放诞不羁，亦曾沾染了些纨绔子弟的习气，但他能很快改过自新、振作奋进，以事业为重，成为晚清一代杰出名臣。

　　他告诫弟弟，"衣仅求其暖，食仅求其饱，住仅求其安"，穿衣不必绫罗绸缎，食物不贪求佳肴美味，房屋只要够住而无须华丽。治家以勤俭节约为本。勤俭持家非胡林翼教育家族子弟的独创心法，而是所有家庭教子的不二法门。胡氏先祖勤勉克己，生活方面尤戒奢侈浪费。胡林翼的祖父在世时，虽已七十高龄，出门却从不乘坐车辆或轿子，甘愿徒步；父亲也经常通过劳动保持强健的体魄，从来不追求精美的食物，好逸恶劳是必须戒除的陋习。

胡林翼出仕之后，保持清廉无私的行事作风，不辱书香门第家风。他不仅身体力行戒除奢侈享乐，也常常在家信中教育诸弟俭以养德，保持勤勉俭朴的生活作风。切实培养良好的生活习惯，须从青少年抓起，注重他们在日常生活中的参与感，从教育他们珍惜一粒米、一滴水开始，引导他们将厉行节约、反对浪费转化为自觉行动，真正确保勤俭节约教育的实效性。

致敏弟

　　久不接来信，正驰念[1]间，黄安来，始悉近状佳胜。义学[2]之设，尤惬吾意。大凡人生最苦者，莫苦于欲学而无从。富贵家子弟藏书万卷而不肯读，寒苦者有志研求而无力以致书，此亦不平事也。吾弟悯念[3]寒畯[4]，特设义学，聘请名师，分给书本，予以知识，而不责其偿。每季之末，试列前茅者并奖以膏火[5]，此其用心，可谓周挚[6]。吾家自乡贤[7]公以下，无不竭力提倡读书。弟今又推己及人，能继先志矣。尤望持之以恒，行之以毅，使功效不仅在一时也。

道光二十九年正月十二日

注释

1 驰念：谓想念、挂念远方的人或事物。

2 义学：旧时免收学费的私塾；也称为"义塾"。

3 悯念：怜悯。

4 寒畯：出身贫寒而具有才能的人。

5 膏火：灯火。借指求学的费用。

6 周挚：至为真诚；至为笃厚。

7 乡贤：品德、才学为乡人推崇敬重的人。

解读

至乐无如读书

至乐无如读书，至要无如教子。古往今来，每个家族都将读书视作教育中最为重要的环节，益阳胡氏家族也不例外，尤其重视兴教办学培养人才。胡氏家训中有个突出的主题，即"乱天下者，不在盗贼，而在无人才"，就是希冀通过读书培养家族子弟成才。胡林翼的父亲胡达源撰写《弟子箴言》，旨在为教育培养学林士子提供指导借鉴。

胡氏家族，曾在益阳境内多次兴学，创办义学。1842年，胡林翼以推广基础教育和培养本地人才为宗旨，创办胡氏紫筠义塾。1853年，胡林翼在重病期间，为解决当地学子和胡氏后裔的读书教育场所问题，筹建了箴言书院，并请曾国藩为之作序。箴言书院的开办是胡林翼秉父亲遗志的结果，产生了深远的社会影响，培养了不少湖湘人才，既有清末举人罗德源、夏玉忠，也有民国教育家陈天倪、曾运乾等。而胡氏重学的家风薪火相传，延绵不绝。1942年，胡林翼曾孙胡有猷创办林翼中学，至此，胡氏家族在益阳境内办有小学、中学、书院超过30所，将教书与育人有机结合，为国家培养人才。

一书在手，其乐无穷。身教胜于言传，营造良好的家庭阅读氛围，让子弟爱上读书，接受书香熏陶，不断提高文化修养。胡林翼家族这一点，便是很好的例证。

胡林翼非常关心家中义学的兴修进度。他出生于富贵之家，却心忧天下寒士艰难的读书处境："大凡人生最苦者，莫苦于欲学而无从。富贵家子弟藏书万卷而不肯读，寒苦者有志研求而无力以致书，此亦不平事也。"这样的胸襟实在令人钦佩。胡林翼认为，培养德才兼备的人才，可挽救当时颓败的世风，有益于社会的长远发展。

胡林翼长年在外做官，修建义学这桩大事自然落在弟弟的头上，可谓责任重大。他希望弟弟能够推己及人，继承先辈提倡为学的精神和博大胸怀，为家乡的贫寒学子搭建一个读书学习的平台。他同时也提醒弟弟须有心理准备，教育是一项长远的社会事业，要有执着坚持的精神，用时间去沉淀，以心血与智慧浇灌，才能达到潜移默化的效果。

致枫弟等

　　治家贵和，固也，然和字最不易言。聚父子母女、兄弟姊妹于一室，其势必能和睦，何也？以其有天性存也。若聚婆媳、妯娌、姑嫂于一室，其势必不能和睦，何也？以其本无天性之亲也。其聚也，因其夫身所系，乃适然[1]会合也，而又利害相冲突，旁人相构煽[2]，面亲而心远，欲求其和，谈何容易！故百忍成金[3]，传为美事，以其不易也。

　　吾家聚族而居，均无间言[4]。骨肉和睦，至可欣喜。然吾弟从中维持之苦，亦从可知矣。兄客里[5]岑寂[6]，颇有感于家室之乐，而又联想及于同居之难。草草握管[7]，专布胸臆[8]。吾弟阅之，有同感否？

道光二十九年八月初六日

注释

1 适然：偶然。

2 构煽：挑拨煽动。亦作"构扇"。

3 百忍成金：形容忍耐的可贵。《旧唐书·孝友传·张公艺》："郓州寿张人张公艺，九代同居……麟德中，高宗有事泰山，路过郓州，亲幸其宅，问其义由。其人请纸笔，但书百余'忍'字。"

4 间言：流言蜚语。泛指通过挑拨使人不和、疏远。

5 客里：离乡在外期间。

6 岑寂：寂静。

7 握管：执笔。

8 胸臆：心中的想法。

治家和为贵

　　自古治家，和为贵。这个放之四海而皆准的道理人人都懂。但知易行难，世间夫妻反目、兄弟存嫌隙的家庭问题层出不穷，都在"和"上出了问题。胡林翼见微知著，剖析其中的真正原因，进而提出解决之道。

　　胡林翼认为，一个家庭中，由于天然的血缘关系，父子、母女、兄弟姐妹能和谐相处，而婆媳、妯娌、姑嫂等人如果在同一屋檐下，便难以长久相安无事，尤其是当边界被打破，或利益相冲突，若有人以谗言离间之时，矛盾容易一触即发。这是因为她们之间没有天性之亲，完全靠丈夫的关系而拴在一起，缺乏天然的凝聚力。胡林翼这种观点，可谓一针见血，洞悉人性的本质。

既然如此，要如何维持一个大家庭的和睦呢？人与人之间天然存在亲疏远近之分，作为一个家族事务的主持者，首先应该处事公正，一碗水端平；其次应该隐忍克己，和善对待每一个家庭成员，口不出恶言，行事不偏激，方能上下和顺。

和气致祥，乖气致戾。和的秘诀在于，为人处世要严以律己，宽以待人。以和治家，培养家庭成员的友爱精神品格，处事以宽，懂得让步，积极营造温馨和乐的家庭氛围，让生命在温暖的亲情中得到滋养。亲朋好友之间，讲究信义为先，慷慨帮扶有困难的亲友，同舟共济方能体现家族团结友爱的力量。

胡林翼在信中表示理解他维持大家庭的不易，这对弟弟而言，是一种莫大的鼓励。家庭琐事的处理看起来简单，实则有许多磨炼人而挑战人的地方。胡林翼认为主持好家族事务是治家之要义，他希望弟弟处理问题有积极的态度，也能够懂得让步，这是一种涵养，也是砥砺品行、增长智慧的途径，值得我们今人学习借鉴，以资启迪。

致保弟等

　　天下滔滔[1]，风俗愈趋而愈下。移易之法[2]，教化[3]为先。特官之于民，尊而不亲。条告[4]视为具文[5]，刑章[6]亦幸图苟免[7]。不若乡里之士大夫，朝夕与处，情易通而言易入也。

　　鄂经兵燹[8]，民气[9]凋残，兄忝[10]长是邦，义当搜求贤俊，以开风气。近日获交[11]数人，如兴国处士万斛泉[12]，家贫性孝，取与不苟。前学臣龙启瑞[13]及其弟子宋鼎、邹金粟，不求仕进，乐道安贫，砥砺[14]廉隅[15]，为乡里所矜式[16]，是皆力足以挽回颓风[17]而端趋向者。现拟奏明皇上，赏给荣衔[18]，以资观感[19]奋兴[20]，顽廉懦立[21]。吾弟在乡，亦宜时求贞谅[22]之士，与之亲近，进德修业，胥[23]系之矣。

　　　　　　　　　　　　　　　咸丰七年八月二十九日

注释

1 滔滔：形容事物纷纷，连续不断。

2 移易之法：转移风气，改良习俗的办法。

3 教化：教导感化。

4 条告：官方的条款、告示。

5 具文：徒具形式而不起实际作用的空文。

6 刑章：犹刑法。

7 苟免：苟且免于损害。

8 兵燹（huī）：意指战争带来的灾难。燹，火，多用为兵火。

9 民气：民心士气，人心。《管子·内业》："是故民气，杲乎如登于天，杳乎如入于渊。"

10 忝：有愧于，常用作谦辞。

11 获交：与一些志同道合的朋友相互往来。

12 兴国处士万斛泉：万斛泉(1808—1904)，字齐玉，号清轩，湖北兴国州（今阳新）人。家贫，少好程朱之学，时称"万理学先生"，因程朱学造诣高深而跻身湖北理学名儒。著有《资治通鉴纲目前编辨误》《资治通鉴正编正误补》《春秋诂经》《童蒙须知韵语》。

13 龙启瑞：字辑五，号翰臣。广西临桂（今桂林市）人，道光二十一年（1841）状元，是清代音韵学家、文字学家、文学家、目录学家，也是广西桐城派五大古文家之一。

14 砥砺：砥、砺都是磨刀石。砥砺引申为磨炼。

15 廉隅：比喻端方不苟的行为、品性。

16 矜式：意思是敬重和取法。

17 颓风：颓败的风气，败坏的风俗。

18 荣衔：荣耀的头衔。

19 观感：观察人或事物后所得感想。

20 奋兴：奋起、振奋。

21 顽廉懦立：使贪婪的人廉洁，使懦弱的人自立。形容志节之士对社会的感化力量很大。出自《孟子·万章下》："故闻伯夷之风者，顽夫廉，懦夫有立志。"

22 贞谅：忠正诚信。

23 胥：皆、都。

解读

表彰先进，凝聚人心

胡林翼在写给保弟的家书中，表达了他对家国命运的深深忧虑。时下官员不能与百姓鱼水相亲，官方的规章制度对老百姓的约束作用也如同一纸空文。胡林翼位高权重，却也慨叹天下事情纷纭棘手，处理起来不易。这颇让胡林翼感到烦恼，因此写信向弟弟倾诉。

胡林翼来到湖北做官（正值平定太平天国大乱之后），民生凋敝，正是需要体恤民生，讲求礼义廉耻，整肃纲纪以挽救颓势危局的时刻。国家兴亡，匹夫有责。胡林翼想到的办法是搜寻人才，旌表节烈，树立典型，以凝聚人心。在此，他列举了"理学先生"万斛泉以及他的弟子宋鼎、邹金粟等仁孝之人，不仅在朝野具有极高的声望，他们端方不苟的品行也受乡人敬重与仰慕。胡林翼将他们的嘉言懿行上报朝廷，希望得到表彰，为乡人做表率，激励后进。

胡林翼推己及人，希望弟弟与正直诚实之人为友，与志同道合之人相伴前行。他认为积贫积弱的时代，个人应该不畏缩，不逃避，主动挑起担子，为国家民族的生存和发展尽自己的力量。

　　胡林翼与弟弟之间的关系亦师亦友，他用心培养他们健康向上的生活志趣和人格精神，希望他们在先人后己、先公后私的人生追求中度过自己的一生。在青少年成长过程中，家长应教会他们爱与善、真与诚、与志趣相投者为友，实现人生价值。

致仪弟

宝甥近日来函，颇有志于读书，此殊可喜。渠[1]在家乡办事甚为顺手，何以忽欲转移治事之精神，为蠹鱼[2]之生活？夫岂感于中有所不足耶？果如是，则其前途难以限量。

大凡吾人治事，其始也，往往以为易与，志高气傲，不可一世。对于他人措施[3]，辄视为不满。迨[4]至躬自与闻，则束手缚脚[5]，扞格[6]殊甚。平日之理想，几乎无一可用。于是乃恍然[7]于事之不易，苟非有真实之学问以副[8]之，决不能有为，而渐有趋于求学之一念矣。宝甥此举，殆[9]亦若是。吾弟近日身体如何？万事须放开眼光，切勿狃[10]于见小，蒙庄[11]之达，实亦有至理寓其中，郁郁殊不值得也。署[12]中近稍闲，惟除夕将至，例有一番忙碌矣。

咸丰七年十二月二十四日

注释

1 渠：他，指第三人称。

2 蠹鱼：又称蠹、衣鱼、白鱼、壁鱼、书虫或衣虫，是一种灵巧、怕光而且无翅的昆虫，它的身体呈银灰色，嗜食糖类及淀粉等碳水化合物。喻指贪求官位俸禄的人。也指肚子里有学问的人。

3 措施：解决问题的办法。

4 迨：等到。

5 束手缚脚：捆住手脚。形容胆子小，顾虑多。同"束手束脚"。

6 扞（hàn）格：互相抵触。比喻性情不相投。

7 恍然：忽然觉悟的样子。

8 副：相配，相称（chèn）。

9 殆（dài）：大概，几乎。

10 狃（niǔ）：因袭，拘泥。习惯了不愿改变。

11 蒙庄：指庄子。

12 署：办公的地方。如"官署""公署"等。

解读

知行合一须在人事上多磨砺

　　胡林翼写给仪弟的书信，谈及宝翙有改变处事风格的打算，认为处理得当前途不可限量。但他提醒侄儿，大多数人在开创一番事业之初，认为凡事容易成功，常常易滋生自满情绪；认为别人处理事情的方法不如自己高明。只有当自己身处其中，才能体会事情千头万绪，荆棘塞途。这便是知易行难的道理。要做到知行合一，须在人事上多加磨炼，以开阔的眼界与格局看问题、处理问题，更要从内在修为上下功夫，厚学笃行。这既是自我发现的过程，也是教育培养人才应当遵循的原则。

胡林翼认为，做大事的人应该有长远的眼光，切不可因循守旧，如能学到庄子的达观就更好了。这个观点是胡林翼人生经验的总结。

教育者，非为已往，非为现在，而专为将来。教育青少年应目光远大而不驰于空想，以求真的态度作细致之事，自信乐观向前看，则真理可明，人生可充实。

致叔华侄

侄读书以不得其法来问于余，读书如攻贼，非可侥幸得果者也。多读乃是根本之图。六经[1]无论[2]矣，余如老庄[3]，如《史记》[4]，如前后《汉书》[5]，如《通鉴》[6]，如韩、柳、欧、苏[7]等集，均为不可不读之书。多读则气盛言宜[8]，下笔作文，便仿佛有神助。否则干枯拙塞，勉强成篇，亦索索无生气，不足登于大雅堂也。

每作一文，首须打定一主意，然后正反旁侧，随笔而书，使有众星以拱北辰之概。次须联想，联想者，因此而写及彼事也。其中关键，至为重要。譬如因笔而思及造笔者为何人，笔之进步如何，又思及笔与纸墨有何关系，与人之文思又有何关系，照此联想，则文必畅达，而无格格不吐之弊。总之，有主意则文不散漫，能联想则文不拙滞[9]。而又多读以运用其思想，则于为文之道，亦庶几近矣！

抑有欲为吾侄告者，读书须勤，然亦须有分寸。吾侄身体本不甚健硕[10]，若再焚膏继晷[11]，孜孜矻矻[12]，则损害其身，殊非浅鲜[13]。身体一弱，则虽有志进取，而亦苦于精力不继，读亦不能记忆，有何益哉？

余年未老，而已觉衰弱。曩时读书不慎，亦为一因，故甚望吾侄之勿再蹈余覆辙[14]焉。

咸丰七年五月初十日

注释

1 六经：指儒家的六部经典：《诗》《书》《礼》《易》《乐》《春秋》。

2 无论：不用说，更不必说的意思。

3 老庄：老子和庄子的并称。春秋、战国时道教的主要思想家。亦指以老子、庄子学说为代表的道教思想。老庄并提始于汉，盛于魏晋以后。

4 《史记》：西汉司马迁著，原名《太史公书》。是中国历史上第一部纪传体通史，记载了上起上古传说中的黄帝时代，下至汉武帝太初年间共3000多年的历史。

5 前后《汉书》：《汉书》，又称《前汉书》，是中国第一部纪传体断代史，"二十四史"之一，由东汉史学家班固编撰，其中八表和《天文志》由其妹班昭和马续补写而成。《汉书》全书主要记述了上起西汉的汉高祖元年（前206），下至新朝王莽地皇四年（23）共230年的史事。《后汉书》是一部记载东汉历史的纪传体史书，由中国南朝宋时期的历史学家范晔编撰。二者与《史记》《三国志》合称"前四史"。

6 《通鉴》：《资治通鉴》（常简作《通鉴》），由北宋司马光主编的一部多卷本编年体史书，共294卷，历时19年完成。主要以时间为纲，事件为目，从周威烈王二十三年（前403）写起，到五代后周世宗显德六年（959）征淮南停笔，涵盖1362的历史。

7 韩、柳、欧、苏：是对唐代韩愈、柳宗元和宋代欧阳修、苏轼的合称。

8 气盛言宜：作者的道德修养境界高，则在发言、著述时，无论用词长短或声调高下，均能得宜。语本唐韩愈《答李翊书》："气，水也；言，浮物也。水大而物之浮者，大小毕浮。气之与言犹是也，气盛则言之短长与声之高下者皆宜。"

9 拙滞：指呆板不通达、生硬不顺。

10 健硕：健壮结实。

11 焚膏继晷：指燃烧灯烛来接替日光照明。形容夜以继日地用功读书或努力工作。膏，油脂，指灯烛。晷，日影、日光。

12 孜孜矻矻（kū）：勤劳努力不懈怠的样子。唐韩愈《争臣论》："孜孜矻矻，死而后已。"

13 浅鲜：指微薄，轻微。

14 覆辙：指翻过车的道路，比喻过去失败的做法或前人失败的教训。

解读

亲近经典，读书须勤

在写给侄儿叔华的信中，胡林翼仔细地讲解了读书的若干种方法。首要在读经典。中华传统文化博大精深，他指导侄儿选择书籍，必然从六经、老庄、前四史、《资治通鉴》以及韩柳欧苏的文集入手。亲近经典，了悟圣贤智慧，久读久揣摩，便能将它们内化为自己的学养，下笔写文章自然能将自己的思想和才华充分融合并展示出来。

胡林翼讲得极为清楚，写文章最重要的是什么？首先是打定主意，选题要明确而不落俗套。这就是立意要新，把框架打好，把思路捋清，不然勉强成篇，也是毫无文气，拿不出手。总之一条，文章主题明确，写起来就不会枝节散漫，也不会出现空话套话，真情实感最能打动人。适当的联想是打通文章脉络的另一法宝，联想意味着从不同的角度看问题，可以大胆发挥想象得出新的思考结论。

胡林翼教导侄儿，读书须勤奋。读书可以使人远离浮躁，保持清醒，以进取心和平常心处世。培养良好的阅读习惯使人终身受益，但善于学习的人，并不是焚膏继晷，以搞垮身体作为代价，这是他考虑到家族子弟身体羸弱的特殊情况，特地叮嘱了一番。读经典，是青少年走入思想殿堂的捷径。同时，读书是一种主观性很强的精神活动，家长可以鼓励青少年多读名家名作，但具体读什么书，如何读进去，最终还得靠他们自己悟。

何绍基

何绍基（1799—1873），字子贞，号东洲，湖南道州（今道县）人，晚清诗人、书法家。道光十六年（1836）进士，历主讲山东泺源书院、长沙城南书院。通经史，精小学。书法初学颜真卿，又融汉魏而自成一家，尤长草书。著有《惜道味斋经说》《东洲草堂诗集》《东洲草堂文钞》《说文段注驳正》等。

清代湖南道州何氏家族，是一个书法世家，在二百余年的文化薪火相传中，产生了何凌汉、何绍基、何绍业、何绍祺、何绍京等文化名人，而其中文化成就最高的当属何绍基。

何绍基自幼得到父辈的精心调教，勤勉不懈砥砺学问，传承何家诗礼家风。道光元年（1821），23岁的何绍基第一次从京城返回道州探望，作有《儿归来篇二十首》，在节选的这几则诗文中，始终离不开中心话题"读书"。世间有益于身心的活动很多，但唯有读书浸润了思考的智慧，读书不仅可以增长我们的见识，亦是我们追求进步的阶梯。

儿归来篇二十首（节选）

余自丙寅随宦入都，辛巳秋杪[1]初次南旋，抵家一月，复匆匆北上，蒙家中父老钟爱之笃，宛然儿时光景也。别后成诗二十首，非敢言诗，聊以写吾土之思云尔。

一

生者尚如昔，死者竟何处？当年出门人，归来问坟墓。人生信如寄，努力须及时。昔人已不作，增我少壮悲。

二

父老道我前，寓此鹤鸣轩。前临好山水，傍带花木园。轩中亦何有？但有图与史。晓起步竹廊，书声和流水。

三

开轩[2]纵遐睎[3]，门对东洲山。把钓者谁子？啸傲[4]于其间。吾父居此久，流风有余馥[5]。儿愿对青山，日日抱书读。

四

读书岂不好？苦无附郭田[6]。还家如作客，敝庐[7]无一椽。古人带经锄[8]，宁复思稼穑[9]。莫以百亩功，负我三余力。

注释

1 秋杪（miǎo）：秋天将尽。杪，指年月或季节的末尾。

2 开轩：开窗。

3 纵遐眺：向前远望。纵，身体猛然向前或向上。遐眺，远望。

4 啸傲：是指逍遥自在，不受世俗礼法拘束。出自晋郭璞《游仙》诗之八："啸傲遗世罗，纵情在独往。"

5 余馥（fù）：不尽的芳香。

6 附郭田：指近郊良田，又称"负郭田"。负郭田，典故名，典出《史记·苏秦列传》："苏秦喟然叹曰：'此一人之身，富贵则亲戚畏惧之，贫贱则轻易之，况众人乎！且使我有雒阳负郭田二顷，吾岂能佩六国相印乎！'"

7 敝庐：破旧的房子。亦作谦辞。

8 经锄：《汉书·兒宽传》："带经而锄，休息辄读诵。"后以"经锄"为耕读之典。

9 稼穑（jiàsè）：农事的总称。春耕为稼，秋收为穑，即播种与收获，泛指农业劳动。

以书为友，淡泊自在

　　题记中交代自己远游归来，在家乡只作短暂的逗留。回到祖宅，回想起儿时的无忧时光，内心充满了孝悌爱亲之情，在此也可隐隐看出何氏家族和乐的家庭氛围。在诗中，何绍基抛出问题：读书到底好不好呢？答案是肯定的，因为读书才能让自己走出祖宅，走出道州这个小地方，才能走出一条实现自我价值之路。但再次回到家乡，老宅在战火中毁灭破坏，连一根房屋的柱子也很难再找到："还家如作客，敝庐无一椽。"即便他想归隐田园与世无争，一边读书一边干农活，也已不复可能。这种尴尬的处境与清末整个社会的政治经济状况恶化、局势动荡紧密相连。

　　他回到父亲当年住过的地方"吾父居此久，流风有余馥"。诗中所提到的"鹤鸣轩"是其父亲何凌汉曾经开办私塾讲学之地，在这里还能回忆起父亲当年风流儒雅的风采，虽满腹才华，兼有一番济世理想，却无可发挥之处。面对曾经居住过的祖宅和熟悉的风物，何绍基欲抽身官场，打算在乡间做一个半耕半读的凡俗百姓。既有物是人非的苍凉之感，更是作者真情实感的流露。何绍基愿意投身于山林清净之地，在书香之乐中消磨时光，也折射出他淡泊名利、保持超脱的心态。

　　在漫漫的历史长河里，如白驹过隙的短暂人生，是否值得我们为身外的功名利禄而蝇营狗苟呢？尤其是身处这样的乱世，作者提出了自己的思索"生者尚如昔，死者竟何处"，这是针对宦海沉浮的一种自问，也是对生命终极意义的追问。在纷繁的世间，如何安顿好自己的身心，这也值得今人思索。

每个人心中自有追寻的桃源，也许遥不可及，惟读书可远离喧嚣。以书为友，是人生乐事。读书可博古通今，可怡情养性，在字里行间探索生命的意义。对于今天的青少年来说，书籍的阅读更加便利，不管学业多么忙碌，别忘了静下心来读读书，从书中汲取养分，滋养心灵。

曾国藩

曾国藩（1811—1872），原名子城，字伯涵，号涤生，晚清著名的政治家、军事家、文学家，湘军首领。

曾国藩出身普通耕读家庭，自幼勤奋好学，6岁入塾读书，道光十八年（1838）中进士，入翰林院。官至两江总督、直隶总督、武英殿大学士，封一等毅勇侯，谥号"文正"，后世称"曾文正"。曾国藩著述丰富，同治光绪间湖南传忠书局编刻《曾文正公全集》留传后世。曾国藩组建湘军并平定太平天国，首倡洋务运动，对清王朝的政治、军事、文化、经济等方面都产生了深远的影响。

曾国藩一生留下了大量的家书，跟古代名人家训《颜氏家训》《诫子书》等相比，不仅毫不逊色，在内容广度与深度方面更上一层楼，涉及人生的方方面面，如修身律己、读书处世、孝亲谋国等。这些凝聚着曾国藩心血与智慧的家训文字，不仅为曾氏家族教育后辈提供了可供指导的范本，也成为后来人读书、修身、教子的宝典。

谕纪泽

（一）

字谕纪泽：

八月二十日胡必达、谢荣凤到，接尔母子及澄叔三信，并《汉魏百三家》[1]《圣教序》[2]三帖。二十二日谭在荣到，又接尔及澄叔[3]二信。具悉一切。

蔡迎五[4]竟死于京口江中，可异，可悯！兹[5]将其口粮三两补去外，以银二十两赈恤[6]其家。朱运四先生之母仙逝，兹寄去奠仪银八两。蕙姑娘[7]之女一贞，于今冬发嫁，兹付去奁仪[8]十两。家中可分别妥送。

大女儿择于十二月初三日发嫁，袁家已送期[9]来否？余向定妆奁[10]之资二百金，兹先寄百金回家，制备衣物，余百金俟下次再寄。其自家至袁家途费暨六十侄女出嫁奁仪，均俟下次再寄也。

居家之道，惟崇俭可以长久。处乱世，尤以戒奢侈为要义。衣服不宜多制，尤不宜大镶大缘[11]，过于绚烂。尔教导诸妹，敬听父训，自有可久之理。

牧云舅氏书院一席，余已函托寄云中丞[12]，沅叔告假回长沙，当面再一提及，当无不成。余身体平安。二十一日成服哭临[13]，现在三日已毕。疮尚未好，每夜搔痒不止，幸不甚为害。满叔[14]近患疟疾，二十二日全愈矣。此次未写澄叔信，尔将此呈阅。

（咸丰十一年八月二十四日）

注释

1《汉魏百三家》：《汉魏六朝百三名家集》又名《汉魏六朝一百三家集》，是一部大型古代诗文总集。明代张溥辑。

2《圣教序》：全名《大唐三藏圣教序》，由唐太宗撰文。最早由唐初四大书法家之一的褚遂良所书，称为《雁塔圣教序》，后由沙门怀仁从王羲之书法中集字，刻制成碑文，称《唐集右军圣教序并记》或《怀仁集王羲之书圣教序》，因碑首横刻有七尊佛像，又名《七佛圣教序》。

3 澄叔：曾国潢（1820—1886），原名国英，字澄侯，族中排行第四。曾麟书第二子，曾国藩的四弟，捐监生出身。

4 蔡迎五：曾国藩的同乡，专门为其送家书。

5 兹：现在。

6 赈恤：救济抚恤。

7 蕙姑娘：指曾国藩的二妹曾国蕙。

8 奁（lián）仪：女子出嫁时亲人赠送的礼品或财物。奁，古代盛梳妆用品的匣子。

9 送期：即纳吉，古代婚礼"六礼"之一。男家卜得吉兆之后，备礼通知女家。

10 妆奁：女子陪嫁的财物。

11 大镶大缘：服装镶缘盛于清代，初见于满族服饰，以女用旗袍最为多见，后流行于汉族妇女服饰。

12 云中丞：即毛鸿宾（1811—1867），官御史、给事中，署湖南巡抚，两广总督。咸丰三年(1853)回籍办团练，后在湖南抗击太平军，同治二年（1863），擢升两广总督。因病而终。"中丞"是清朝对巡抚的尊称，巡抚（从二品）是仅次于总督的封疆大吏，同时还兼任都察院右副都御史一职，这个职务相当于古代的"御史中丞"，所以被尊称为"中丞"。

13 成服哭临：成服，此处指咸丰皇帝逝世后，臣民所穿的丧服。哭临，帝后死丧，集众定时举哀叫哭临。

14 满叔：即曾国葆（1829—1862），字季洪，曾家五兄弟年最幼者，湖南方言称呼子女中最小的一个为"满"。

解读

小事不小，用以促学

在这封写给儿子纪泽的家书中，曾国藩从家庭琐事入手，细谈女儿出嫁置办嫁妆、斟酌亲朋丧礼奠仪等琐事，目的在于培养儿子的实际办事能力。

曾国藩的言行和社会影响力，一直都是作为"完人"的典范而备受推崇。但我们细细品读，发现曾国藩教子都从极细微处入手。这也从侧面说明，教育要贴近生活，忌空谈大道理，见微知著，更具有说服力。

曾国藩在家书中还曾不厌其烦提到读书写字。在曾国藩开出的书单中，不仅四书五经要读，他最钟爱的《史记》《汉书》《庄子》以及韩诗杜文等也要读。其次，在这封家书中提到《汉魏百三家》《圣教序》等，是指导儿子作诗文与临摹写字的必读书。

最后，曾国藩将重点放在了俭朴勤廉的居家之道的训导上。曾国藩深谙由俭入奢易，由奢入俭难的良训。他认为生逢乱世，家业能够持久兴旺的方法，在于不废耕读传家的传统，并保持勤俭的生活作风。功名富贵往往如昙花一现容易凋谢，唯有自力更生、知足常乐才是保全之道，这是智者曾国藩人生经验的总结。他曾言"历观古来世家久长者，男子须讲求耕、读二事，妇女须讲求纺绩、酒食二事"，男子在家种地种菜，妇女则勤习针线活、做菜等，养成勤劳俭朴的生活习惯。

他告诫家人，衣服不宜大镶大缘过于华丽，这主要是针对家中女儿媳妇们而言，希望纪泽能以身作则，戒骄戒奢，引导好家中众多兄弟姊妹。家书中特别嘱咐纪泽要操办好大女儿的婚事，但嫁妆不过区区两百两银子，相对于曾国藩显赫的权势而言，过于低调甚至有点寒酸了。曾国藩是备受世人尊敬的廉吏，他做大官后越发克己慎独、清廉不苟，严格要求自己和家人，在此也可见一斑。曾国藩教子，无一大事，却细数了许多生活中应遵循的准则，作为家庭教育，就应该从小事抓起，严谨、务实，学以致用，用以促学。

谕纪泽

（二）

字谕纪泽儿：

余此次出门，略载日记，即将日记封每次家信中。闻林文忠[1]家书，即系如此办法。尔在省，仅至丁、左[2]两家，余不轻出，足慰远怀。

读书之法，看、读、写、作四者，每日不可缺一。

看者，如尔去年看《史记》、《汉书》、"韩文"、《近思录》[3]，今年看《周易折中》[4]之类是也。读者，如"四书"、《诗》、《书》、《易经》、《左传》诸经，《昭明文选》、李杜韩苏[5]之诗、韩欧曾王[6]之文，非高声朗诵则不能得其雄伟之概，非密咏恬吟[7]则不能探其深远之韵。譬之富家居积[8]，看书则在外贸易，获利三倍者也；读书则在家慎守，不轻花费者也。譬之兵家战争，看书则攻城略地，开拓土宇者也；读书则深沟坚垒，得地能守者也。看书与子夏之"日知所亡"相近，读书与"无忘所能"相近[9]，二者不可偏废。

至于写字，真[10]、行、篆、隶，尔颇好之，切不可间断一日。既要求好，又要求快。余生平因作字迟钝，吃亏不少。尔须力求敏捷，每日能作楷书一万，则几[11]矣。

至于作诸文，亦宜在二三十岁立定规模；过三十后，则长进极难。作四书文[12]，作试帖诗[13]，作律赋[14]，作古今体诗[15]，作古文，作骈体文[16]，数者不可不一一讲求，一一试为之。少年不可怕丑，须有狂者进取[17]之趣，过时不试为之，则后此弥[18]不肯为矣。

至于作人之道，圣贤千言万语，大抵不外敬、恕二字。"仲弓问仁"[19]一章，言敬、恕最为亲切。自此以外，如"立则见参于前也，在舆则见其倚于衡也"[20]；"君子无众寡，无小大，无敢慢，斯为泰而不骄；正其衣冠，俨然人望而畏，斯为威而不猛"[21]：是皆言敬之最好下手者。孔言"欲立立人，欲达达人"[22]；孟言"行有不得，反求诸己"[23]，"以仁存心，以礼存心"[24]，"有终身之忧，无一朝之患"[25]：是皆言恕之最好下手者。尔心境明白，于恕字或易著功[26]，敬字则宜勉强行之。此立德之基，不可不谨。

科场在即，亦宜保养身体。余在外平安。不多及。

涤生手谕（舟次樵舍下，去江西省城八十里）

再，此次日记，已封入澄侯叔函中寄至家矣。

余自十二至湖口，十九夜五更开船晋[27]江西省，廿一申刻即至章门。余不多及。又示。

（咸丰八年七月二十一日）

注释

1 林文忠：林则徐，谥号文忠。此处说林则徐每隔一段时间，便将自己的日记封在家书中寄回，让家人传阅，以作修身指导。

2 丁、左：丁指丁义方，湖南益阳人；左指左宗棠，字季高，湖南湘阴人。二人都是曾国藩的友人，也是湘军的重要将领。

3 "韩文"、《近思录》："韩文"是指《昌黎先生文集》之类的唐代韩愈的文集。《近思录》是由南宋朱熹、吕祖谦合编的北宋大儒周敦颐、张载、程颐、程颢的语录，是古代理学的入门读物。

4 《周易折中》：康熙帝御纂的《周易》注本，实际主持编纂者为李光地，主要选取程颐、朱熹二人的解释，并有所折中、调和，此书即为清代学习《周易》的入门读本。

5 李杜韩苏：李白、杜甫、韩愈、苏轼。

6 韩欧曾王：韩愈、欧阳修、曾巩、王安石。

7 密咏恬吟：细密、恬然的吟咏，指低声读书的一种状态。

8 居积：囤积。

9 日知所亡、无忘所能：每日知道一些自己所未知的，每月不忘那些自己已知的。此处强调看书如初学未知，读书如巩固已知，二者的结合。语出《论语·子张》。亡，同"无"。

10 真：楷书。

11 几：接近，差不多。

12 四书文：即八股文，又称时文、时艺、经义、制义。科举考试第一场考试，从儒家经典《四书》，即《大学》《中庸》《论语》《孟子》中选取考题，故又称四书文。

13 试帖诗：科举考试中的诗，选取古人诗中某句为题，并限定韵脚作五言六韵或八韵诗。

14 律赋：指有一定格律的赋体。其音韵谐和，对偶工整，于音律、押韵都有严格规定。为唐宋以来科举考试所采用。

15 今体诗：对古体诗而言。亦称近体诗。凡绝句、排律、律诗，皆属今体。形成于唐代。

16 骈体文：文体名，相对于散文而言。讲究句式、对仗，辞藻华丽，声律和谐及多用典故。其文体酝酿于汉代，盛行于南北朝。因其字句皆成对偶，故称为"骈体文"。

17 狂者进取：狂者相对中庸之道的人而言，气质豪放而能洁身自好，值得称赞。出自《论语·子路》："子曰：'不得中行而与之，必也狂狷乎！狂者进取，狷者有所不为也。'"

18 弥：更加。

19 仲弓问仁：语出《论语·颜渊》："仲弓问仁。子曰：出门如见大宾，使民如承大祭。己所不欲，勿施于人。在邦无怨，在家无怨。"意思是说仲弓问什么是仁。孔子说："出门好像去见贵宾，管理百姓好像去承担重大祀典。自己所不想要的事物，就不要强加给别人。这样在朝廷不会招致怨恨，在卿大夫的封地也不会招致怨恨。"

20 立则见参于前也，在舆则见其倚于衡也：出自《论语·卫灵公》："子张问行。子曰：'言忠信，行笃敬，虽蛮貊之邦，行矣。言不忠信，行不笃敬，虽州里，行乎哉？立则见其参于前也，在舆则见其倚于衡也，夫然后行。'子张书诸绅。'"意思是，子张问如何才能使自己到处都能行得通。孔子回答：言语忠信，行为笃厚敬肃，即便到了别的国家也能行得通，反之，在本乡本土也会碰壁。谨守"忠""信""笃""敬"四字，站着的时候仿佛就在自己眼前，坐车好像看到这几个字就刻在车子的横木上。舆，车。衡，车前的横木。

21 此句语出《论语·尧曰》。曾国藩凭记忆所引，语句上略有出入，意思是君子待人接物，无论对方地位贫贱高低，都不怠慢他们，这不就是庄重而不傲慢吗？君子衣冠整齐，目不斜视，使人见了就生敬畏之心，这不也是威严而不凶猛吗？

22 欲立立人，欲达达人：此句语出《论语·雍也》："夫仁者，己欲立而立人，己欲达而达人。"意思是说，有仁德的人，自己能站稳脚跟自立，首先想到去帮助他人立足；自己能够在事业上通达，就先帮扶他人成就人生事业。

23 行有不得，反求诸己：此句语出《孟子·离娄上》。意思是说，凡是所做的事，有不如愿的，都应该自我反省，多作自我批评，严以律己，宽以待人。

24 以仁存心，以礼存心：此句语出《孟子·离娄下》。意思是说，君子内心所怀的念头是仁，是礼。

25 有终身之忧，无一朝之患：此句语出《孟子·离娄下》。意思是说，君子思虑的是长远大事，而不是眼前小事。

26 著功：用功。

27 晋：进。

做人之道，不外敬、恕二字

　　曾国藩在家书中告知纪泽，自己效仿林则徐将日记附在家书中一起寄回，供儿子们传阅学习。这一点曾国藩似乎与普通人对待私密日记的态度有所不同。曾国藩的日记内容多为读书修身之言以及自己人生阅历的现身说法，是教导子弟为人处世的教材。曾国藩让自己的日记在家族内部亲友间传阅，颇有让他人监督自己的意味，十分坦荡、大方。

　　曾国藩告诫纪泽，读书是看书、诵读、写字、写文章四者相结合，缺一不可。先选定看书的大致范围，无外乎经史子集等儒家经典；李白、杜甫、韩愈、苏轼、欧阳修、曾巩、王安石的诗文，须高声诵读才能体味文中所流淌的浩然之气，细细品读方能体会其中的厚重韵味。他还将读书与兵家战事作比较，认为带兵打仗是攻城略地，读书则如同在后方守城修筑营垒。曾国藩所提出的读书方法论，将诵读与吟咏相结合，从而体会书中的义理及韵味，加深对经典的理解吸收，这对于我们现在读书做学问，仍然有借鉴意义。

　　关于练习书法写字，曾国藩结合切身经验来谈，又好又快是追求的目标，持之以恒地练习楷书、行书、篆书、隶书，无所偏废必能取得进步。另外，他跟儿子探讨写文章，认为各种文体都应该尝试写作，所谓初生牛犊不怕虎，年轻人可以抱着"不怕丑"的心态积极展现自己的才能，人到了三十岁之后，写文章路数基本定型便很难有突破。

最后也是本则家书中的重点，曾国藩给儿子剖析为人处世的道理，主要以儒家思想为指导，如在"仁""敬""恕"等方面下功夫提升道德修养，简单来说，便是待人接物要符合君子的道义，保持谦虚谨慎。提升"敬""恕"的精神修养，并躬身践行，从而获得他人的尊敬。

对于当代青少年来说，"敬""恕"教育不可或缺，是他们成长、成才的立身处世基础。"敬"意味着有尊重他人之心，做到"修己以敬"，提高内心的修养，对万物保持恭敬之心。"恕"是什么？简单通俗来说，就是仁，对他人有一种宽容之心、感恩之心。

谕纪泽纪鸿

（一）

字谕纪泽、纪鸿儿：

今日专人送家信，甫[1]经成行，又接王辉四等带来四月初十之信，尔与澄叔各一件，借悉一切。

尔近来写字，总失之薄弱，骨力不坚劲[2]，墨气不丰腴[3]，与尔身体向来"轻"字之弊，正是一路毛病。尔当用油纸摹颜字之《郭家庙》、柳字之《琅琊碑》《玄秘塔》，以药其病。日日留心，专从"厚重"二字上用工。否则字质太薄，即体质亦因之更轻矣。

人之气质，由于天生，本难改变，惟读书则可变化气质。古之精相法（者），并言读书可以变换骨相[4]。欲求变之之法，总须先立坚卓之志。即以余生平言之，三十岁前最好吃烟[5]，片刻不离，至道光壬寅十一月二十一日立志戒烟，至今不再吃。四十六岁以前作事无恒，近五年深以为戒，现在大小事均尚有恒。即此二端，可见无事不可变也。尔于"厚重"二字，须立志变改。古称金丹换骨[6]，余谓立志即丹也。

满叔四信偶忘送，故特由驲[7]补发。此嘱。

涤生示

（同治元年四月二十四日）

1 甫：刚刚。

2 坚劲：劲健有力。

3 丰腴：原意形容人体态丰满，这里指字体的圆润之美。

4 骨相：人的骨骼和相貌。古人以为人的贵贱由骨相决定。

5 吃烟：抽烟。当时湖南有一种种在地里的烟草，直接从烟苗上摘下叶子风干或晒干，俗称"旱烟"，因未经加工，烟劲很足，容易让人上瘾，曾国藩有相当长的时间为自己的"烟瘾"苦恼不已。

6 金丹换骨：古人相信服用道教的金丹，可以脱胎换骨、长生不死。后比喻某方面的造诣极深进入顿悟境界。

7 驲：本指古代驿站专用的车，后指驿马或驿站。

解读

读书，在于日积月累寸进之功

曾纪鸿是曾国藩次子，他不热衷仕途而爱好数学，并涉猎天文、地理、舆图诸学。但由于他身体比较孱弱，平时勤学用功过度，年仅33岁便去世了，实在令人惋惜。从曾国藩这封写给儿子纪泽、纪鸿的家书中，我们可以看到一个父亲对儿子健康体魄的担忧与记挂。曾国藩认为写字与增强体质有一定的关系，字质太薄，体质也会变得更弱，因此宜用油纸摹写颜体《郭家庙》、柳体《琅邪碑》《玄秘塔》，培养自身刚毅洒脱之气。而刚健的气质与顽强的毅力，也是曾国藩在教育子弟过程中常常提到的，亦即凡事不轻言放弃，有所担当。这对于我们今天的教育来说，也是非常重要的。

曾国藩认为，读书可以改变人的气质。他曾言："书味深者，面自粹润。"意思是读书多的人，精神得到滋养，气质自然纯粹美好。他之所以能成为"内圣外王"式人物，是跟他坚持读书、完善自我分不开的。无论多忙，曾国藩都按照自己的读书计划坚持读书，比如每天读一卷《资治通鉴》。他一生写下了大量的日记、家书、诗文等，还编纂了两部大书《十八家诗钞》《经史百家杂钞》。

曾国藩曾说，人生只有两件事靠得住，一个是进德，一个是修业。他写给几个弟弟及两个儿子的家书中，多次谈到读书的话题，并通过切身经验去感化、勉励他们勤学向上，希望他们通过读书修身、正己走向更加广阔的世界。

读书的美好，可以随时发生在我们身边，以文字蕴含的理性与哲思浇灌自己，即便驳杂的气质，不知不觉中也会变得醇正。

读书，在于日积月累寸进之功，须自我鞭策且不懈努力。他以自己年轻时候的"戒烟"事件现身说法：从道光二十二年立志戒烟，花了近五年的时间，最终战胜了"烟瘾"。对儿子来说，言传身教才是最好的教育。

谕纪泽纪鸿

（二）

字谕纪泽、纪鸿：

顷据探报，张逆[1]业已回窜，似有返豫之意。其任、赖[2]一股锐意来东[3]，已过汴梁[4]，顷探亦有改窜西路之意。如果齐省[5]一律肃清，余仍当赴周家口[6]以践前言。

雪琴[7]之坐船已送到否？三月十七果成行否？沿途州县有送迎者，除不受礼物酒席外，尔兄弟遇之，须有一种谦谨气象，勿恃其清介[8]而生傲惰也。

余近年默省之，"勤、俭、刚、明、忠、恕、谦、浑"八德，曾为泽儿言之，宜转告与鸿儿，就中[9]能体会一二字，便有日进之象。泽儿天质聪颖，但嫌过于玲珑剔透[10]，宜从"浑"字上用些工夫。鸿儿则从"勤"字上用些工夫，用工不可拘苦，须探讨些趣味出来。

余身体平安，告尔母放心。此嘱。济宁州

（同治五年三月十四日）

注释

1 张逆：指此前窜入陕西境内的捻军张宗禹部。张宗禹，清末捻军将领。初随张乐行参加捻军起义。后转战苏豫陕鄂皖，受太平天国梁王之封。

2 任、赖：指太平军将领任柱、赖汶光。

3 东：指山东。

4 汴梁：中国河南省中部偏东，别称汴梁、汴京、东京、开封府，简称汴，八朝古都，是一座历史文化悠久的古城。

5 齐省：也指山东。

6 周家口：即现今河南省周口市川汇区。明清时期，周家口是西北与江南物资交流的重要枢纽，曾被称为河南四大商业重镇之一。

7 雪琴：彭玉麟，字雪琴，号退省庵主人、吟香外史。祖籍湖南衡阳，生于安徽省安庆府（今安庆市），湘军水师统帅，官至两江总督兼南洋通商大臣、兵部尚书。清朝著名政治家、军事家、书画家，人称雪帅。

8 清介：清正耿介。

9 就中：从中，其中。

10 玲珑剔透：器物的精致细巧，比喻人的精明灵巧。

解读

"八德"教育，完善人格

曾国藩作为晚清第一重臣，无论是为官、治军，还是修身、教子，都取得了极大成功。他在家书中提及军事部署计划，是希望儿子们以天下为己任，家国的责任感时刻谨记心间，并接续奋斗。曾国藩一生都充满儒家的忧患意识和心怀天下的担当、情怀，他认为自己身居高位，有拯救民溺之责，蕴含了强烈的忠君爱国思想。另外，他训诫儿子，乱世之中世相纷繁，但圣人遗训不可忘，无外乎积善孝友、立己达人，以耕读传家，珍惜眼前暂时安定的生活。

曾国藩告诫儿子们，切不可滋生官僚公子习气，出行在外，沿途州县如果有人迎送，一概不能接受礼物和宴饮款待，且待人接物应该举止得体，进退守礼。"勤、俭、刚、明、忠、恕、谦、浑"八德是曾国藩著名的修身理论，简简单单八个字浓缩了曾氏智慧精华，胜过千言万语，是他儒家"内圣外王"道德人格的完美体现。他认为大儿子纪泽聪颖悟性高，过于玲珑剔透便成了缺点，不妨从质朴无华上下功夫补足自己；小儿子纪鸿则应该在"勤"字上下功夫，努力积攒学问，但读书也不能过于拘束苦闷，当享受过程体会其中乐趣。这种因材施教的方法，是不是能引发我们对当今教育的若干思考呢？

谕纪泽纪鸿

（三）

字谕纪泽、纪鸿儿：

十六日寄信与沅叔，载十五日遇风舟危之状，想已到鄂。余自近三月以来，每月发家信六封：澄叔一封，专送沅叔三封，尔等二封。皆排递鄂署，均得达否？

在临淮住六七日，拟由怀远入涡河[1]，经蒙、亳以达周家口，中秋前必可赶到。届时沅叔若至德安，当设法至汝宁、正阳等处一会。

余近来衰态日增，眼光益蒙。然每日诸事有恒，未改常度。

尔等身体皆弱，前所示养生五诀[2]，已行之否？泽儿当添"不轻服药"一层，共六诀矣。既知保养，却宜勤劳。家之兴衰，人之穷通，皆于勤惰卜之。泽儿习勤有恒，则诸弟七八人皆学样矣。鸿儿来禀太少，以后半月写禀一次。泽儿六月初三日禀亦嫌太短，以后可泛论时事，或论学业也。此谕。

涤生手示

（同治五年七月二十日）

注释

1 涡（guō）河：淮河中游左岸一条支流，经过安徽的亳州、蒙城一带。
2 养生五诀：眠食有恒、饭后散步、惩忿、节欲、睡前热水洗脚。

解读

家勤则兴，人勤刚健

在这封家书中，曾国藩提及家眷行驶的船在路上遇到了大风危险，最近几个月写家信的数目等日常琐事。他还跟儿子谈及军中事务，提高儿子对政事的参与感，培养他们的社会责任感。他努力使自己成为一名贤臣，朝"拼命救国，侧身修行"八字上努力下功夫，也如此教育勉励家人。

曾国藩感慨自己年岁既增、衰老日侵，但自己做事情从未逾越法度，儿子们也应该以此为榜样。他认为一个家族的兴衰穷达，都可以从勤劳和懒惰中看出来。勤与俭，为齐家精髓，也是教子之道。家勤则兴，人勤刚健。儿子们按照他定下来的规矩和要求切实执行，这是曾国藩所期待的。

在曾国藩的家书和日记中，曾不厌其烦地提到"勤"，"勤"涉及人生的方方面面，它不只是与学习积累知识有关，也是居家之道，亦是兴国之道。人的一生，唯"勤"可以长久，它贯穿于整个人生当中。今日之青少年，生活安定、物质富足，"勤劳"二字似乎离他们越来越远，但这种良好价值观的培育，是须深刻理解，并日日践行的，而不是停留在口头说教上，这样才能让他们受益终身。

曾国藩教导儿子注意养生，因为纪泽和纪鸿身体较弱，这里提到了"养生五诀"以及"不轻服药"，并嘱咐纪鸿要多写家信，及时告知父亲自己修身养性的心得体会及身体情况。这也是家书中最常见的话题。在教育儿子的过程中，曾国藩既是父亲，又是师友，赢得了孩子们的尊敬和爱戴，并成为家族子弟心目中的精神偶像，切实将他的学养和人格魅力落实到家风家训的传承上，将优秀的教育价值观代代传递。

左宗棠

左宗棠（1812—1885），字季高，一字朴存，自号"湘上农人"，湖南湘阴人。晚清军事家、政治家，湘军著名将领，洋务派代表人物之一。与曾国藩、李鸿章、张之洞，并称"晚清四大名臣"。

道光十二年（1832 ）中举人，后三试礼部不第，遂弃科举仕进，究心经世致用之学。曾做乡村塾师和书院山长。太平天国起义后，一度在家乡办团练，入湖南巡抚张亮基和骆秉章幕，深得张、骆倚信。咸丰十年（1860）由胡林翼、曾国藩保举，清廷特旨以四品京堂襄办军务。他招募"楚军"五千人，赴江西、皖南与太平军作战，1862年任浙江巡抚。后又主持平定陕甘回民起义、收复新疆并推动新疆置省，其间他历任闽浙总督、陕甘总督、两江总督，官至东阁大学士、军机大臣，封二等恪靖侯。中法战争期间，再入军机，兼管神机营事务。旋任钦差大臣，督办福建军务，病逝于福州。谥文襄。有《左文襄公全集》行世。

左宗棠十分重视教育的作用。他二十岁中举以后，先后在醴陵渌江书院和长沙朱文公祠担任主讲，还在小淹陶家私塾教导陶澍的儿子读书八年，后来主政一方时常大力兴教劝学，惠泽久远。左宗棠殷切期望家运绵长，十分看重对子孙的教育，非常重视家训在家庭教育和社会教化中的特殊功能和作用，且身体力行，至老不衰。

左宗棠长年在外征战，军务繁忙，家书是他教育子弟的主要方式。他的治家有方得到人们的高度评价。晚清同乡王先谦赞曰："君子以为文襄之治家有法，及夫人之循分达理，皆近世富贵家所罕见，兹可谓贤明也已！"左宗棠的后人没有多少名臣高官，倒是有不少学者名医。其子孙后代正直立身，自强不息，这些足以证明左宗棠在左氏家族教育中起到了恒久影响力和积极作用。

与孝威孝宽（节选）

孝威、宽知之：

　　我此次北行，非其素志。尔等虽小，当亦略知一二。世局如何，家事如何，均不必为尔等言之。惟刻难忘者，尔等近年读书无甚进境，气质毫未变化，恐日复一日，将求为寻常弟子不可得，空负我一片期望之心耳。夜间思及，辄[1]不成眠，今复为尔等言之。尔等能领受与否，我不能强，然固不能已于言也。

　　读书要目到、口到、心到。尔读书不看清字画偏旁，不辨明句读，不记清首尾，是目不到也。喉、舌、唇、牙、齿五音并不清晰伶俐，蒙笼含糊，听不明白，或多几字，或少几字，只图混过就是，是口不到也。经传精义奥旨，初学固不能通，至于大略粗解，原易明白。稍肯用心体会，一字求一字下落，一句求一句道理，一事求一事原委，虚字审[2]其神气，实字测其义理，自然渐有所悟。一时思索不得，即请先生解说；一时尚未融释，即将上下文或别章、别部义理相近者反复推寻，务期了然于心，了然于口，始可放手。总要将此心运在字里行间，时复思绎[3]，乃为心到。今尔等读书总是混过日子，身在案前，耳目不知用到何处，心中胡思乱想，全无收敛归着[4]之时。悠悠忽忽，日复一日，好似读书是答应人家工夫，是欺哄人家、掩饰人家耳目的勾当。昨日所不知不能者，今日仍是不知不能；去年所不知不能者，今年仍是不知不能。孝威今年十五，孝宽今年十四，转眼就长大成人矣。从前所知所能者，究竟能比乡村子弟之佳者否？试自忖之。

读书作人，先要立志。想古来圣贤豪杰是我者般年纪时是何气象？是何学问？是何才干？我现在那一件可以比他？想父母送我读书、延师训课是何志愿？是何意思？我那一件可以对父母？看同时一辈人，父母常背后夸赞者是何好样？斥责[5]者是何坏样？好样要学，坏样断不可学。心中要想个明白，立定主意，念念要学好，事事要学好。自己坏样一概猛省猛改，断不许少有回护[6]，断不可因循苟且[7]，务期与古时圣贤豪杰少小时志气一般，方可慰父母之心，免被他人耻笑。

志患不立，尤患不坚。偶然听一段好话，听一件好事，亦知歆动[8]羡慕，当时亦说我要与他一样。不过几日几时，此念就不知如何销歇[9]去了，此是尔志不坚，还由不能立志之故。如果一心向上，有何事业不能做成？

陶桓公[10]有云："大禹惜寸阴[11]，吾辈当惜分阴。"古人用心之勤如此。韩文公[12]云："业精于勤而荒于嬉[13]。"凡事皆然，不仅读书。而读书更要勤苦，何也？百工技艺及医学、农学，均是一件事，道理尚易通晓。至吾儒读书，天地民物[14]，莫非己任；宇宙古今事理，均须融澈[15]于心，然后施为[16]有本[17]。人生读书之日最是难得，尔等有成与否，就在此数年上见分晓。若仍如从前悠忽[18]过日，再数年依然故我，还能冒读书名色[19]、充读书人否？思之，思之。

孝威气质轻浮[20]，心思不能沉下，年逾成童[21]而童心未化，视听言动，无非一种轻扬浮躁之气。屡经谕责，毫不知改。孝宽气质昏惰，外蠢内傲，又贪嬉戏，毫无一点好处可取，开卷便昏昏欲睡，全不提醒振作。一至偷闲玩耍，便觉分外精神。年已十四，而诗文不知何物，字画又丑劣不堪。见人好处不知自愧，真不知将来作何等人物。我在家时常训督，未见悛[22]改。今我出门，想起尔等顽钝不成材料光景，心中片刻不能放下。尔等如有人心[23]，想尔父此段苦心，亦知自愧自恨，求痛改前非以慰我否？

亲朋中子弟佳者颇少。我不在家，尔等在塾读书，不必应酬交接，外受傅训，入奉母仪[24]可也。

读书用功，最要专一无间断。今年以我北行之故，亲朋子侄来家送我；先生又以送考耽误工课，闻二月初三、四始能上馆[25]，所谓"一年之计在于春"者又去月余矣。若夏秋有科考，则忙忙碌碌又过一年，如何是好？今特谕尔：自二月初一日起，将每日工课按月各写一小本寄京一次，便我查阅。如先生是日未在馆，亦即注明，使我知之。屋前街道、屋后菜园，不准擅出行走。如奉母命出外，亦须速出速归。出必告，反[26]必面，断不可任意往来。

同学之友，如果诚实发愤，无妄言妄动，固宜引为同类。倘或不然，则同斋[27]割席[28]，勿与亲昵[29]为要。

家中书籍勿轻易借人，恐有损失。如必须借看者，每借去，则粘一条于书架，注明某日某人借去某书，以便随时向取。

庚申正月三十日

（家中寄信到京，封面上写"内家言一函，敬恳吉便带至都中东草厂十条胡同长郡会馆，确交四品卿衔兵部左大人开拆，司马桥左宅寄。"背面写年月日封）

注释

1 辄：总是，就。

2 审：反复分析，推敲。

3 思绎：思考，理出头绪。

4 收敛归着：减少放纵，将心思集中。

5 斥责：责骂。严厉的语言指责。

6 回护：包庇，袒护。

7 因循苟且：沿着旧习，敷衍草率，不思改变。

8 歆（xīn）动：欣喜动心。

9 销歇：休止，消失。

10 陶桓公：陶侃，东晋时期名将。历任县吏、郡守、刺史，后任荆、江二州刺史，都督八州诸军事，封长沙郡公。去世后获赠大司马，谥号桓。其曾孙为著名田园诗人陶渊明。

11 寸阴：日影移动一寸的时间，比喻一个非常短的时间。

12 韩文公：韩愈，字退之。唐河南河阳（今河南孟州南）人。自谓郡望昌黎，世称韩昌黎。唐代杰出的文学家、哲学家、政治家。

13 嬉：游戏，玩耍。

14 天地民物：天地、百姓、万物。汉代蔡邕《陈太丘碑》："神化著于民物，形表图于丹青。"宋代张载《横渠语录》："为天地立心，为生民立命，为往圣继绝学，为万世开太平。"民物，指人民万物。

15 融澈：融通透彻而明晰。

16 施为：施展作为。韩愈《爱直赠李君房别》："南阳公举措施为，不失其宜。"

17 本：根据，依凭。

18 悠忽：轻忽游荡以度日。比喻虚耗光阴不自振作。

19 名色：名目，名称。

20 轻浮：言谈举止轻佻，不庄重。

21 成童：古人指年纪稍长的儿童，这里指十五岁以上的青少年。

22 悛（quān）改：改过自新。悛，悔改。

23 人心：良心。

24 母仪：作为人母的典范。

25 上馆：塾师到东家授课。李宝嘉《文明小史》第十四回："孟传义等到送过宗师，依然回到贾家上馆。"

26 反：通"返"，回归、返回。

27 斋：屋舍，常指书房、学舍、商店。

28 割席：出自《世说新语·德行》。三国时管宁跟华歆同学，读书时两人合坐一张席，后来管宁鄙视华歆的人品，把席割开分坐。后世指与好朋友绝交。

29 亲昵（nì）：非常亲密，亲近。

读书要目到、口到、心到

左宗棠因"樊燮案"处境危险，无奈之下他请求发给公文赴京参加会试。虽然在北上途中，他仍念念不忘家中十五岁孝威和十四岁孝宽的学业，十分担忧，以至于夜不能寐。他强调读书要"目到、口到、心到"，通过正反两方面进行详细指导，特别列举了大量他认为是混日子的反面例子，毫不客气地给儿子当头棒喝，可见他望子成龙之心切和教子之严厉。这种严格，不是破口大骂，不是讲空洞道理，而是针对"三到"的读书方法一一进行剖析，让儿子们对号入座、反躬自省，其实这也是他自己读书的经验之谈。

在家庭教育中，每个孩子面临的家庭环境都不一样，他们在成长过程中所受的熏陶，都会在他们身上留下深深的烙痕。每个孩子的天赋秉性不同，有的胆小，有的叛逆，有的聪颖，还有的可能在优渥的环境下过早沾染一些不良习气，这都是教育者要重视的问题。左宗棠非常重视对孝威的引导，他不渴求儿子一定要科举取得好名次、当大官，而是期待他成为一个勤于耕读、明白事理的人，这是值得我们学习的。

"有志者事竟成。"应该怎样立志？应该立什么样的志向呢？左宗棠一连用九个疑问句引导子女去思考，虽没有明确答案，但子女在这一连串思考后自然会得出答案，参照标准就是古代圣贤豪杰少年时期的志向。立下志向后应该怎样做呢？志向一立，时刻要想到志向，言行要对照志向，对坏习惯要痛下决心改正，不要给自己找借口。"无志之人常立志，有志之人立常志。"立志难，立志后的坚持更难。他通过描绘立志不坚的情形，告诫子女要坚定不移，坚持不懈。

虽然谈的是"立志"这样的大道理，但是他注意启发子女思考；不是早下结论，而是激发他们通过思考后铭记在心，从中看出他对于如何讲好大道理是花了不少心思的。

青少年时期的求学者总会想两个问题：为什么要读书？为什么要这么勤苦地读书？如果想通了这两个问题，立志求学也就有方向了。左宗棠告诉孝威：读书不是为了科名、孝顺父母，读书是为了将来实现自己的抱负打下坚实的基础。这个抱负就是："天地民物，莫非己任"，是对著名的"横渠（张载）四句"——"为天地立心，为生民立命，为往圣继绝学，为万世开太平"——的化用，为了实现这种以天下为己任的担当，就必须"宇宙古今事理，均须融澈于心"，不然立身行事就没有根基。

这种胸怀，是儒家推崇的境界，要做到很难，虽然不一定能够实现，但读书人必须以此为目的，才能跳出"小我"的狭隘，才能志存高远，才能挖掘潜力，才会避免成为"两耳不闻窗外事"的"书呆子"，读书苦学才会有源源不绝的动力。所以读书比只精一业的百工技艺都要难，读书人需要比学技艺的人更勤苦。人生事业的根基就在青少年求学时期奠定，不珍惜这段短暂的黄金岁月，要实现抱负就是空谈，所以必须珍惜寸阴。这些道理，对于帮助莘莘学子树立正确的读书态度，是很有价值的。

如何督促远在家中的孝威、孝宽的学业呢？左宗棠除了讲道理外，还想了一个具体办法：要求孝威、孝宽按月将每天的功课作业寄到北京来。他想得很周到，如果塾师不在时是个人自学的日期也要注明，看儿子是否自觉完成了作业。为了子女成才，他不怕自己劳累，在北京参加会试还要批阅儿子的作业，真是一个负责的父亲！他的批阅不是流于形式，而是认真批阅还写评语，这成为他观察子女成长情况的重要依据，此后一直坚持，连孙辈的作业也远程批阅。现在的家长也被学校老师要求在孩子作业本上签字，能否做到像左宗棠这样用心批阅和远程批阅呢？

　　无论我们年龄多大，走得多远，在父母眼中，永远都是孩子。而父母最关心的，是孩子的平安。所以古人所说的"出必告，反必面"是基本的家庭教养规矩，及时了解你的行踪，父母心里才能放下时时牵挂之心，对他们来说，也是一种安慰。今天同样如此，关爱父母，就该多将我们的生活近况汇报给父母。

　　交朋友的原则，在左宗棠看来，重要的是学问人品，而非社会地位，特别强调"诚实发愤，无妄言妄动"，只有以"友其德"为基础的朋友方能携手前行。他引用"管宁割席"的典故，意在教导孩子们，朋友之间如果不能志同道合，不如及早断绝来往，免受不良影响。

与孝威（节选）

霖儿知悉：

六月十七日吴都司兰桂因病假归，曾以一函寄尔，并付今年薪水银二百两归，未知接得否。念家中拮据[1]，未尝不思多寄，然时局方艰，军中欠饷七个月有奇，吾不忍多寄也。尔曹年少无能，正宜多历艰辛，练成材器[2]。境遇[3]以清苦[4]澹泊为妙，不在多钱也。

尔幸附学籍[5]，人多以此贺我，我亦颇以为乐。然吾家积代以来皆苦读能文，仅博一衿[6]，入学之年均在二十岁以外，惟尔仲父十五岁得冠县庠[7]为仅见之事。今尔年甫[8]十七亦复得此，自忖文字能如仲父及而翁[9]十七时否？左太冲诗云："以彼径寸根，荫此千尺条。"[10]盖慨世胄[11]之致身[12]易于寒峻也。尔勿以此妄自矜宠[13]，使人轻尔。

辰下正乡试之期，想必与试。三场毕后，不必在外应酬，仍以闭户读书为是。此心一放最难收捉，不但读书了无进益，并语言举动亦渐入粗浮轻佻[14]一路，特[15]人不当面责备，自己不觉耳。

吾家向例，子弟入学，族中父老必择期迎往扫墓、拜祠，想此次尔与丁弟亦必有此举。到乡见父老兄弟必须加倍恭谨，长辈呼尔为少爷，必敛容[16]退避，示不敢当；平辈亦面谢之：

"分明昆弟，何苦客气？"自带盘费住居祠中，不必赴人酒席。三日后仍即回家。祠中奖赏之资不可索领。如族众必欲给尔，领取后仍捐之祠中，抵此次祭扫之费可也。

浩斋先生处送谢敬五十两不为多。先生不知我之所以自处[17]，以为带勇之人例有余财，非五十金不足慰[18]其意，且先生境遇亦实苦也。

尔大姊病体何如？尔母信来云：大姊意欲勖儿往小淹读书。我颇不以为然，一则相距太远，一则尔大姊多病，岂可[19]累其照料。又勖儿年太幼小，往来须人护送，亦[20]殊[21]不便耳……

八月初九夜，龙游县潭石望行营

注释

1 拮据：境况窘迫，尤致经济困难而言。

2 材器：可供建筑用的材木和器物，喻指有用之才。

3 境遇：境况和遭遇。

4 清苦：穷困而不失节。

5 附学籍：通过了院试，取得进入官学的资格。附学，即附学生。科举考试中，院试合格后取得生员（秀才）资格，才能进入府、州、县学学习，新"入学"的生员称为附学生员，简称附生。

6 衿：原指读书人穿的衣服，这里指秀才。

7 县庠（xiáng）：县学。庠，古代的学校名称。

8 甫：刚刚，才。

9 而翁：你的父亲。这里是为父者自称。

10 以彼径寸茎，荫此千尺条：出自晋左思《咏史·郁郁涧底松》。意思是，幼苗虽然小，但因为它长在高山顶上，所处的地理位置好，能遮盖住涧底高大的松柏。这首诗以形象的比喻，抨击世家子弟依靠父兄的功绩而窃取高位的门阀制度，导致下层寒门士子晋升无门。这里以"小苗"借喻世家大族弟子，以"松柏"喻指寒门弟子。径寸茎，直径仅一寸的茎干。荫，遮盖。千尺条，指涧底松。

11 世胄：世家贵族的后代。

12 致身：原指献身，后用作出仕之典。语出《论语·学而》："事父母，能竭其力；事君，能致其身；与朋友交，言而有信。"

13 矜宠：炫耀所受的宠爱。

14 轻佻：举止不庄重，不严肃。

15 特：只，但。

16 敛容：收起笑容，脸色庄重。

17 自处：自己对环境事态的应对与处理。这里左宗棠指自己过着简朴生活，由于军营粮饷的奇缺和周围难民需要接济，他经常拿出自己的养廉银来补贴。

18 慰：安抚，用言行或物质等使人宽心。

19 岂可：怎么可以。

20 亦：也。

21 殊：特别，很。

减少应酬，倍加恭谨

左孝威十七岁时考取了秀才，可喜可贺。不过父亲表扬的话只有一句"我亦颇以为乐"，转而马上提醒他两点：其一，二伯父左宗植是十五岁中的秀才，你觉得自己的文章相比十七岁时的二伯父和父亲的文章如何，言下之意是还有一定的差距。其二，世家子弟比寒门子弟成功的机会要多些，学习环境、家庭环境、社会环境等方面都更优越，但切记不要自以为了不起，反而要更加谦虚谨慎。

左宗棠将喜悦深藏于心底，讲得更多的是要孝威多看到自己的不足，要更加低调，可见其家教之严。作为教育者，要学会把握教育的最佳时机，那便是一事一论，当孩子沉浸在荣誉的喜悦激动之时，要适当地给他降降温，敲敲警钟，这一点，左宗棠抓得很准。教育的过程是漫长的，但在教育智慧的浇灌下，结出的果实必然会令人欣喜。

自古以来，秀才们到省城参加乡试，免不了交朋结友，三场考试后一般会利用难得的机会放松一下，以释放备考多年的压力。左宗棠要求儿子在考试后抓紧时间闭门读书，珍惜时光，避免成为粗浮轻佻的人。这个出发点是好的，不过也要考虑到"一张一弛，文武之道"，让儿子趁着与士子聚集的契机，多结交端人正士，开阔自己的视野，也未尝不可。

孝威中秀才入官学是家族的一件大事，按惯例要回乡扫墓、拜祠。左宗棠嘱咐要谦恭有礼，连怎样向长辈和平辈问好都考虑了；要带上盘缠住祠堂里，不赴族人的酒席，不花费族人的钱财；三天后就要回家；宗祠的奖赏不能领取；族人一定要送礼表示心意的话，可以先收下再捐献给祠堂。两袖清风的父亲对家族人情往来考虑得十分周到，希望儿子在家族向他贺喜的时候也能保持简朴、清廉的本色。

左宗棠嘱咐儿子，替自己给浩斋先生送去银子五十两，浩斋先生既是儿子的老师，也是他的朋友，看得出他十分重视师友之间的情谊。从他尽全力帮助解决浩斋先生的困难，可以看出虽然他们之间地位悬殊，但左宗棠对待师友的真诚始终如一。

从另一方面来说，尊师重教自古是中华民族的传统美德。教师靠渊博的学识和人格魅力赢得学生的尊重和爱戴，关键还是在于老师要给学生更多的关爱，起到灯塔的指引作用，才会在学生心目中留下美好形象。老师与学生之间的良性互动从来都不是单方面的，需要两者朝同一个方向用力，教育的道路上才能洒满阳光。

对于家族子弟的教育，左宗棠从不放松懈怠，即使长年在外带兵打仗，也通过家书及时与子弟沟通，身体力行，至老不衰。信中提及勋儿是否去小淹读书的问题，他给出具体的意见，表现出他对女儿的关心体贴。左宗棠的家庭教育观既饱含爱心、有高度的责任感，又实事求是，具有指导性。教育的目的是培养人的个性，培养每一个个体的创造性，尊重差异，因材施教，绝不用同一个标准要求所有的孩子。无疑，左宗棠在这一点上做得很好。

王鑫

王鑫（1825—1857），字璞山、家宾，一名开作，湖南湘乡人。湘中理学家罗泽南之门生，少有壮志，初从罗办团练抗击太平军，先在湖南境内作战，后出援江西，屡挫太平军，以功赐号"给什兰巴图鲁"，官至知府、道员加按察使衔。咸丰七年（1857）卒于江西军中，年三十三岁，封骑都尉世职，谥壮武。有《王壮武公遗集》等。

据左枢《王壮武公传》记载：王鑫自少年时代起，志向远大，身形清瘦，但目光炯炯有神，且好为高论，与同座之人切磋交流学问，气势奔放，其他人无法打断插话，充满了豪气干云的英雄气概。他的老师罗泽南笑呵呵地问他：你可否稍微休息一会，让我们也讲讲呢。听闻此语，王鑫也笑了，他直率爽朗的性格可见一斑。

王开仍（1832—1861），字心牧，王鑫之弟，罗泽南门生。

致王开仍

　　心牧季弟足下。月余以来一切情事，阅家报可悉，兹又钞寄芸窗[1]书与观。兄往岁与道州人士论学，谓自明季以来，欲合程[2]朱陆王[3]为一途者，其得罪于圣贤固不必言，即贤智之徒，谓我但躬行实践，不必辨人是非者，亦未能实于道有所见也。何也？孟子曰："予岂好辩，予不得已。能言距杨墨[4]者，圣人之徒。"救世之心，千载如见。再上而溯之孔子之时，间有悖道而驰者，未足惑世，而孔子已殷殷然[5]皇皇然忧天下来世，痛切告人曰："攻乎异端，斯害也已"，"索隐行怪，后世有述焉，吾弗为之。"何等忧深思远。尧舜[6]之时，禁巧言，诛金壬[7]，绝嚚讼[8]，皆恐其害道，辩之精而拒之严如此。夫黑之足以污白也，不祛黑则白必不可全，莸[9]之足以秽薰[10]也，不去莸则薰必且变臭。异端之害正道也，不力辟而拒之，必至胥[11]天下之人人其教而迷焉，莫知所底止，而人道沦于禽兽，噫嘻，是安可以不辨也。躬行实践，固儒生第一要着[12]，然言明德则新民[13]，乃其分内事，有志成己则成物，乃其相因之理，原非脱然两件也。况即第言修己博学，审问慎思，尤贵明辨，否则所笃行者安知其是道耶非道耶？吾乌敢信其必不自流于异端也。孔子责子贡[14]方人[15]，恐其徒比较人之短长，此心驰骛于外而不切实为己耳，非谓辟邪说以卫正道亦不应尔

173

也。如谓自修未至，不宜以救世自任，则尤非孟子曰"人皆可以为尧舜"。天之生人，莫不与以至全至足之理，新民不止于至善[16]，终是明德之功有亏，成物不尽其分量，终是成己之事有缺。天下一夫不得其所，古圣人耻之，若挞市朝。为此说者，抑何其以自菲薄者菲薄人乎！呜呼，我师忠节公[17]既没，兄与弟等之责日重而尤万无可诿矣，使其自弃，何以为人！愿相与共勉之也。石泉、镇堃[18]、云岑[19]，近日进境，令兄倾心佩服，自此益加勉焉，庶可渐几于熟。芸窗，我湘乡下里[20]特出之士，兄交好多年，未知其能自树立如此也。弟明年必邀同学，如伯兄[21]能摒挡一切，共相切磋一二年，则岂特吾家之幸，实斯道之幸也。近于永丰[22]得一佳士徐复斋，殷然有求道之志，而资禀刚毅而沉潜，拟刻意琢成之，见已在营，朝夕讲论，似有所得，拟明年亦令其与弟等共学也。惟兄身受国恩，逆贼未灭，息肩[23]未卜何日，归养读书之愿，竟不知此生能遂否，惟有随时随地而求尽吾分，荣辱毁誉一听之天人耳。弟此时想已与镇堃、云岑同赴乡试，此书到，可持以共览也。匆匆即问近佳，不具。

注释

1 芸窗：筥登，字芸窗，罗泽南门生。

2 程朱：宋代理学家程颢、程颐兄弟和朱熹的合称。

3 陆王：宋代理学家陆九渊和明代理学家王守仁的合称。

4 杨墨：战国杨朱和墨翟的合称。杨朱主张为我，墨翟主张兼爱，儒家皆视为异端。

5 殷殷然：忧伤的样子。

6 尧舜：上古圣君唐尧和虞舜的合称。

7 金壬：小人，奸人。

8 嚚（yín）讼：奸诈而好争讼。

9 莸（yóu）：一种有臭味的草。

10 薰：一种香草。

11 胥：都，皆。

12 要着：重要之事，首要之事。

13 新民：使民更新，教民向善。

14 子贡：端木赐，字子贡，孔子得意门生。

15 方人：批评人物的优劣长短。

16 止于至善：处于最完善的境界。

17 忠节公：罗泽南（1808—1856），号罗山，湖南湘乡人。湘军早期统帅之一，战殁于武昌，谥忠节。

18 镇堑：罗信北，字镜堑、镇堑，湖南湘乡人。罗信南之弟。

19 云岑：黄习溶（1835—1880），字云岑，湖南宁远人。咸丰四年（1854）入王鑫幕，后随席宝田赴贵州镇压苗民起义，以军功官道员。

20 下里：乡野，偏僻的地方。

21 伯兄：长兄。王勋（1818—1878），谱名开伟，王鑫长兄。

22 永丰：位于江西中部。

23 息肩：卸除负担而获得休息。

175

解读

追求正道，扬善明德

王鑫在这封家书中，向弟弟提出了几个关于立身处世的问题，需要认真思考领悟。首先，做人要有是非观念，杜绝不忠信沽名钓誉的思想；做事以经世务实为要义，坚持实践出真知，以挽救颓败的世风。他以孟子非真正好辩、尧舜不喜欢听好听虚伪的话为例，说明即使是圣人也担心害怕异端邪说妨碍正道。弘扬善道与明德，始终是化育德行的目标。

他鼓励弟弟，切实提高自身修养与精进才学，以救世为己任，亦可在德行完善上达到"人皆可以为尧舜"的境界。孔子也曾责备子贡好评论他人是非，是担心他将心力放在与他人的比较上，而忽略了自身的学习提高。

王鑫还列举他对恩师罗泽南遗愿的继承，将追求正道的志向时刻铭记于心，既是对师道的传承，也是对厚学笃行的一种坚定选择，至于结果，不强求，听凭天意，这正与孔子所说的"尽人事，听天命"思想不谋而合。

我们要培养什么样的人？怎样培养？为谁培养？对这些问题与思考，都应该结合当今社会需求实际来落实。社会需要的人才是德才兼备的，还应是时刻将家国责任牢记于心，踏实肯干、勇于担当的。青少年是国家与未来的希望，家庭教育要注重引导他们树立积极进取的人生态度，培养正确的人生观与价值观，做一个无负于自己、有益于社会的人。

家书

　　心牧季弟[1]足下[2]。衡州别后，屡接手书[3]，知二亲大人康健如常，家中诸事清泰[4]，甚慰[5]远怀[6]。郴州之贼，自昨在瓦窑坪战后，谅[7]已胆寒，然背城借一[8]之举，亦理之所必有。茶陵克复[9]之后，余贼由江西之永新而扰及安福，见在兴宁酃县匪踪蔓延，是郴匪逃窜江西合股之路。上面各处兵勇[10]合计不下五六千，然能独当一面者绝少，此事了结，恐尚须在冬至前后也。所幸人心乱极思治，自今年后，永郴桂三属[11]或可少[12]安。兄今冬明春或亦可遂[13]归田[14]之愿，惟[15]自顾[16]持身[17]处世，毫无长进，学问功业，二者均负虚名[18]，忽忽[19]中年，对影自愧，每念日月逾迈[20]之语，此心怦怦[21]欲动耳。其余营中近日一切情形，伯兄与六兄书详言之，不赘[22]。

注释

1 季弟：最小的弟弟。

2 足下：敬辞，用于朋友（多用于书信）。

3 手书：亲笔写的信。

4 清泰：清静平安。

5 慰：使人心情安适。

6 远怀：远大的抱负。

7 谅：料想。

8 背城借一：在自己的城下与敌人决一死战，泛指跟敌人做最后决战。

9 克复：用武力收复失地，克复城池。

10 兵勇：兵卒。

11 三属：犹三族。《后汉书·章帝纪》："一人犯罪，禁至三属。" 李贤
注："即三族也。谓父族、母族及妻族。"

12 少：暂时；稍微。

13 遂：顺心；称意。

14 归田：指辞官归里，退隐。

15 惟：用来限定范围，相当于"只有""只是"。

16 顾：回头看。

17 持身：立身；修身。

18 虚名：不符合实际的名誉。

19 忽忽：形容时间过得很快；形容失意迷惘。

20 逾迈：过去；消逝。

21 怦怦：形容心跳的声音。多指紧张不安的情绪。

22 赘：多余的；无用的。

适应环境，保持乐观

王鑫收到弟弟王开仍的信，得知父母身体健康一如往常，家中各种事情清静平安，觉得心情安适，甚是欣慰。

接下来王鑫用了较多篇幅，讲述对敌作战情况，担心郴州兵匪固守城下欲决一死战。又茶陵失而复得之后，剩余的兵匪从江西永新侵扰至安福，在兴宁酃县亦能看到兵匪踪迹，是郴州兵匪逃窜到江西了。以上各个地方的兵卒不下五六千人，然而能够独当一面的却特别少，这件事情想要完结，恐怕还需等到冬至前后了。不过幸运的是人心乱到极点就会想要治世，从今年以后，永郴桂道或许可以稍微安分一些了。

让弟弟多了解天下大事，有助于他关注现实，开阔眼界，对生活和生命注入更多的思考。生活就像作战，总是充满了意外和困难，唯有积极解决问题，化解危机，才是最佳方案。最生动最深刻的教育必然是就地取材，来自生活与社会。

王鑫对弟弟关于战争的教育分析，也该引发当代家长的思考。在大环境充满不确定性的当下，教育最大的成功不是考试得高分，而是应该培养孩子的综合能力，比如保持他们对生命的热情，提升他们对环境的适应能力，给孩子更多历练的机会，让孩子们即使面对突发情况也能临危不惧，保持乐观的心态，以智慧从容应对。

　　最后作者抒发感慨，说兄长我今年冬天或者明年春天或许就可以了却辞官归隐的愿望了。只是自己回头看立身处世，没有任何长进，学问和功业两者均不符合实际名誉，恍惚间就到了中年，内心感到惭愧不安。这里作者重点还是劝诫弟弟要珍惜时光，趁着年轻，建功立业，在立身处世上有长进，在学问功业上有成就，以免到了中年一事无成而遗憾终生。

王闿运

　　王闿运（1833—1916），号湘绮，世称湘绮先生，湖南湘潭人。咸丰举人，晚清经学家、文学家。曾任肃顺家庭教师，同治元年（1862）曾入曾国藩幕府。后主讲于成都尊经书院、长沙思贤讲舍、衡州船山书院、南昌高等学堂。辛亥革命后任国史馆馆长。著有《湘绮楼全集》。

　　王闿运早年怀抱帝王之学，曾积极入世，试图大展身手，然而宦途屡遭挫折，遂绝意仕进，潜心撰著授徒。后入川，主持成都尊经书院。蜀地蔽塞，少有通儒，在王闿运的辛勤教诲下，士子才知道研诵注疏诸史文选，不出三年，士风丕变。王闿运一生执教于各大书院、学堂，加上家中私授弟子，学生达数千人，其中杨锐、刘光第、廖平、胡从简、宋育仁、杨度、齐白石等弟子成就斐然。所以称王闿运为近代的一位大教育家并不为过。

　　王代舆，王闿运三子，清光绪二十一年（1895）九月补县学生员，清宣统元年（1909）九月参加湖南提学司考试被选为拔贡生。这封家书写于光绪十八年（1892）五月十五日，王闿运在信中训诫儿子笃学实行，切勿将时间花在应酬交游上，待人接物要恭敬，即便是写字这等小事，也要谨慎对待，不犯眼高手低的毛病。

寄代輿

五月十二日得鄂书，十四日得女[1]浙中书，皆四月廿九日前发，前后不相远，此和夷[2]之效也。上古之时，不相往来，末法[3]之时，万里庭户。亲戚相聚，何足为欢，各勉前图，但须谨笃耳。

女书词意开展[4]，然不畏慎，接人持己，以恭为主。错字亦须点检，如"部置"误作"步"，"改衣"误作"解"，"镇俗"误作"震"，皆"紧可放心""花叔生姜"之类也。"弄獐[5]""伏猎[6]"，诒笑千秋，此非父师所能教督，在自己留心而已。

刘伯留女读书，盖以我为谦词，未知女不能也。由女等不能耕种，无事可做，只可在长随[7]上一等，以俟上进。再上则佐杂[8]。学成大器，亦可将相。然必由书启[9]、朱墨[10]、号件[11]学之。学刑钱[12]又成一别派，不肯小就矣。此汉人为吏之意，以待无业者。本朝名臣多由此出，与科甲[13]无异。

此信钞与功儿[14]读之。功儿既为香帅[15]所礼，女又留依大藩[16]，荣则荣矣，于我发遣[17]女兄弟出外，随从州县学习民事之意未相契合。固由过爱加礼，要亦[18]近时人志大心高[19]，以为数金小馆非终身之计，不知前五十年湘中豪家[20]之祖父，皆每年恃二三十金以仰事俯畜[21]，其妻子亦秩秩[22]有仪，非今日嚣张[23]

诞妄之习。黔臬[24]唐三丈[25]，女径称为唐艺农，大妄也。不相识可称其名，不可称其字，相识则固姻世丈[26]也。黄泽臣[27]亦与我相识，但无交情，酒食来往而已。省城巨富，其祖父馈遗新翰林，不过元丝[28]三星，请客尚不及苏三蒸盆之丰。故能将相龙骧[29]，文武蔚起[30]，今无可挽回矣。犹存古意者，则子容、仲容，而又不能登大雅之堂，几同破落之户，由金银珠补夺我诗书故也。曾祝林祖父有言："半截鞋子，一股清气。"女母固恒诵之，女等未闻耶？常思此言乃可以富贵贫贱，不然徒恃运气，不为成立[31]也。

东洲闲居罕出，心颇不欢。女等能撑门面，使我归老山中，则为慰矣。庄子云"佚我以老"，少年好佚[32]则衰气，老年不佚则苦命也。五月十五日偶书。

注释

1 女：同"汝"，你。

2 夷：旧时指外国或外国的。

3 末法：泛指宗教的衰微。

4 开展：开阔。

5 弄獐："弄璋"的笔误，因用以嘲写错别字。《旧唐书·李林甫传》："太常少卿姜度，林甫舅子，度妻诞子，林甫手书庆之曰：'闻有弄獐之庆。'客视之掩口。"

6 伏猎：唐户部侍郎萧炅曾将"伏腊"误读为"伏猎"，后因以"伏猎"嘲讽大臣不学无文。

7 长随：官府雇用的仆役。

8 佐杂：清代州县官署内助理官吏佐贰、首领、杂职三者的统称。

9 书启：官署中起草书牍的人。

10 朱墨：官署中誊录公文的人。

11 号件：官署中登记、分发公文手札的人。

12 刑钱：刑名与钱谷。刑名，官署中管刑事判牍的人。钱谷，官署中司会计、钱粮的人。

13 科甲：科举。

14 功儿：王代功，字伯谅，王闿运长子。

15 香帅：张之洞，号香涛。晚清名臣，曾任湖广总督。

16 大藩：古代指比较重要的州郡一级的行政区。

17 发遣：派遣，差遣。

18 要亦：毕竟。

19 志大心高：志向远大而自视甚高。

20 豪家：指有钱有势的人家。《管子·轻重甲》："吾国之豪家迁封食邑而居者，君章之以物，则物重；不章以物，则物轻。"

21 仰事俯畜：供养父母，养育妻儿。

22 秩秩：肃敬的样子。

23 嚣张：放肆傲慢。

24 臬：主管一省司法的官员。

25 唐三丈：唐树森（1823—1896），号艺农，湖南善化人。清光绪十八年（1892）任贵州按察使，后署理贵州布政使，二十一年（1895）实授贵州布政使。

26 丈：对长辈的敬称。

27 黄泽臣：黄毓恩（1832—1897），字泽臣，湖北钟祥人。清同治进士，曾任四川夔州知府、浙江按察使、福建布政使等。

28 元丝：古代银两由于技术问题，成色不同，名目众多，有"元丝""青丝""白丝"等。

29 龙骧：比喻气概威武。

30 蔚起：蓬勃兴起。

31 成立：成长到可以自立。

32 佚：同"逸"，指放荡不羁。

解读

待人接物，重在恭敬

　　王闿运开篇温情叮嘱儿子笃学实行，在人情往来之中，平衡好、处理好各方关系，而不是沉溺欢聚宴会，满足内心的欢喜愉悦，要时刻将前途挂心。这真是长期浸润官场与繁琐人情往来的老父亲的一番肺腑之言。勿忘初心，方得始终。身在名利场，只有常常反思和调整自己，才能避免被功名利禄腐化。这既是一种智慧，也是一种能力。

　　王闿运指出儿子写信辞达，且含意开阔，但信中出现了不少错别字，如"部置"误写作"步置"，"改衣"误写作"解衣"，"镇俗"误写作"震俗"，这都是不仔细谨慎的表现。写字与为人处世看似两回事，实则有紧密联系。待人接物，重在恭敬。我们要教育孩子克服志大才疏、眼高手低的毛病，只有脚踏实地，低头弯腰做好身边小事，才能在纷繁芜杂的现实社会中走好每一步。

关于读书，王闿运认为儿子还有巨大的提升空间，唯有谦虚务实，深入钻研，才能享受读书之乐。在他看来，学习成才，最大的理想是做文武大臣，经世致用以造福百姓。难事必做于易，大事必做于细。要从书启师爷、朱墨师爷做起，甚至是从挂号师爷开始学起。将小事做好，为日后的成功打下良好的基础。

学生未走出校门之前，总容易犯志向远大而自视甚高的浮躁毛病，殊不知社会各行各业，大多数人最后只是在属于自己的特定岗位上做一个普通的螺丝钉。要在人群中脱颖而出，在社会的广阔大舞台施展才华与能力，对自己的专业特长、性格特点、优势与短板都应该有良好的评估，才能把握好人生的方向盘，踏梦前行。

最后，王闿运又回到了教育亘古不变的话题，教育子弟勤俭节约才是保持家族福泽的不二法宝。由俭入奢易，由奢入俭难。他谈及当今官场的廉吏，都是靠着微薄的薪俸养家，杜绝骄奢淫逸之风，以耕读传家。今日之年轻人，绝不能躺在父辈的功劳簿上，坐享其成，尤其不能沉迷于安逸，这样容易滋生颓败之气。

彭玉麟

彭玉麟（1816—1890），字雪琴，祖籍湖南衡阳，生于安徽安庆。晚清著名的政治家、军事家和书画家，人称"雪帅"。他是湘军水师创建者、中国近代海军奠基人。

彭玉麟曾于道光末年参与镇压李沅发起事。后至耒阳为人经理典当。复投曾国藩，分统湘军水师。同治二年（1863），督水师攻克九洑洲，进而截断天京粮道。太平天国起义平定后，定长江水师营制，每年巡阅长江。中法战争时往广东督办军务，率部进驻虎门，上疏力阻和议。晚年累官至两江总督兼南洋通商大臣，兵部尚书，封一等轻车都尉。光绪十六年（1890），"中兴四大名臣"之一的彭玉麟，在衡阳退省庵病逝，获赠太子太保，谥号"刚直"。

彭玉麟戎马一生，呕心沥血、为国效力不辍，功绩赫赫。他不治私产、不御姬妾，清廉刚直的品行为后世传颂不息。他一生热爱画梅，所绘梅花"老干繁枝，鳞鳞万玉"，被曾国藩称为"兵家梅花"。清人俞樾将其诗文分别整理为《彭刚直诗集》《彭刚直公奏稿》。今人辑为《彭玉麟集》。

谕[1]玉孙

富不学奢而奢，贫不学俭而俭，习[2]于常也。吾家素[3]清贫，今虽[4]致高爵[5]，而余未能忘情[6]于敝袍[7]。跨马[8]巡行[9]，芒鞋[10]一双辄[11]相随。每见世家子弟[12]，骄奢淫佚[13]，恨[14]不一一擒[15]而置[16]之法。乃读《老子·运夷》云"富贵而骄，自遗[17]其咎[18]"，则又付之浩叹[19]而已。汝来书，不愿锦衣玉食[20]，良足与语俭德。然颐指气使[21]，饱食暖衣而无所事者，犹觉奢。小婢一人，用供汝祖母驱使[22]，老仆司[23]门户，彼亦人子，以贫而来依[24]，不宜妄[25]加呼叱[26]。犯过[27]温[28]喻[29]之，蒲鞭示责[30]，仁者为之，能如是[31]，彼未必不乐为之用。尔其慎守余言。

注释

1 谕：告诉。

2 习：习惯。

3 素：向来，从来就。

4 虽：即使。

5 高爵：高的爵位。

6 忘情：放下感情。

7 敝袍：破旧衣服。

8 跨马：骑马。

9 巡行：往来视察。

10 芒鞋：用芒茎外皮编织成的鞋。亦泛指草鞋。

11 辄：总是。

12 世家子弟：门第高、世代做官人家的子弟。

13 骄奢淫佚：原指四种恶习，后形容生活骄横奢侈、荒淫无度。也作"骄奢淫逸"。骄，骄横；奢，奢侈；淫，荒淫；佚，安逸，放荡。

14 恨：遗憾。

15 擒：捉拿。

16 置：交付。

17 遗：留下。

18 咎：过失，罪过。

19 浩叹：指长叹，大声叹息。

20 锦衣玉食：精美的衣着和饮食。形容豪华奢侈的生活。

21 颐指气使：不说话而用面部表情示意来指使人。形容有权势之人傲慢的神气。

22 驱使：差遣。

23 司：掌管。

24 依：依附，依靠。

25 妄：非分地，超出常规地；胡乱。

26 呼叱：发怒而大声斥责。同"呵斥"。

27 过：过错。

28 温：平和。

29 喻：说明；告知。

30 蒲鞭示责：犹言"蒲鞭示辱"，对有过错的人用蒲做的鞭子抽打，只是为了使他感到羞耻，并不使他皮肉受苦。旧时用于宣扬官吏的所谓宽仁。

31 是：这样。

解读

上以礼对下，礼半而功倍

彭玉麟在书信中写道，富有时不学奢侈而变得奢侈，清贫时不学节俭而变得节俭，常常如此成了习惯。如今即使获得了很高的爵位，仍不能忘记穿着破旧衣服时的那段清贫日子。每次看见高官子弟生活骄横奢侈、荒淫无度，遗憾不能一一抓去就法。《老子》有云，富贵了就骄傲，会招致过失。他表扬孙儿勤俭的美德，但也指出对人傲慢，过分斥责下人，这不是仁德者该有的行为。如果他们犯了错，就平和地告诉他们，让人改过自新，而非受皮肉之苦。

彭玉麟的这种教育方法无疑是高明而奏效的，教育的目的是唤醒受教育者心中的爱，抑制心中的恶，心向光明。对待他人应多一分慈善之心，积小善成大德，温暖他人。身在高位者，对待地位不如自己的人，切不可充满优越感，态度倨傲。上以礼对下，礼半而功倍，对他人有礼，多一分温恤，结果往往是返利于自身。

　　彭玉麟提倡勤俭节约，认为富贵骄横，就会招致过失。在教育管理上，彭玉麟提倡温柔而平和的方式，反对恶意攻击，认为打骂尤不可取，这是对一个人尊严的极大伤害，轻则让人沉沦，重则引发人内心的怨恨，导致矛盾冲突加剧，并不是真正解决问题的方式。他提倡充满温情的循循善诱，可从内心和道德感上予以警示，使之产生羞耻心，让受教育者发自内心地知道自己的过错和不足，从而积极改正。

致弟

世间惟笃[1]实一路人跌不倒，机巧[2]变诈[3]，徒自苦耳。吾向来自命是笃实人，自入世途[4]后，觉处处艰危，多崎岖[5]而少康庄，办事每跋前疐后[6]，一时想不出道理来。后悟人都趋诈，吾太率真，想亦参[7]些机变，总觉苦恼万分，不徒精神上烦剧[8]，便是心底里难安。乃悟笃实之好处，是良心安定妙法，逢到人家欺诈我，我惟把忠诚两字去抵制他。久而久之，人家欺诈用得太苦，自己也不愿意再来欺诈我。若然彼钩心斗角[9]而来，我亦屈志违心去做，相迎相拒，弄到无论若何地位，总无好结果，所谓心劳日拙[10]者是已。吾弟亦是笃实人，万不可学人机变[11]，把身心弄坏了。学得不像，还惹人讥笑，所谓东施效颦[12]，益彰[13]其丑耳。营弁某甲来，吾已知其近犯一事，有意督过之，看彼形色局踏不安[14]，心中还想伪饰[15]几句话，便东支西吾[16]，汗流颜赤[17]，愈想说话愈说不出，竟致木立若鸡，待余一一道破，彼乃泣下。此即良心发现时，懊悔作伪欺人，文过饰非[18]之于前也。能悟此理，便省却许多烦恼。

注释

1 笃实：忠诚老实，实在。

2 机巧：诡诈。

3 变诈：诡变巧诈。

4 世途：尘世的道路，人生的历程。

5 崄巇：艰险崎岖。也作"险巇"。

6 跋前疐后：比喻陷入困境，进退两难。跋，踏，踩；疐，跌倒，也作"踬"。

7 参：加入。

8 烦剧：繁重。

9 钩心斗角：原指宫室建筑结构的交错和精巧。后比喻用尽心机，明争暗斗。

10 心劳日拙：费尽心机，不但没有得到好处，而且处境越来越糟。

11 机变：机谋，权诈。

12 东施效颦：比喻盲目地胡乱模仿，效果适得其反。

13 益彰：更加显露。

14 局蹐不安：形容恐惧不安。

15 伪饰：假装。

16 东支西吾：谓说话办事含糊敷衍。

17 汗流颜赤：流着汗，红着脸。

18 文过饰非：掩饰过失、错误。

解读

为人笃实

在这封书信中，彭玉麟告诉弟弟要为人笃实，也就是做一个朴实厚道的人，并奉劝弟弟以此为人生信条，守护好这种美好品格与人生态度。

他向弟弟娓娓道出自己作为"老实人"的心路历程与觉悟：自己正直行事，做事情总是陷入进退两难的困境，一时间也想不出什么原因。后来才感悟到，世人都趋向于狡诈，而自己太直率真诚，也曾想多一些机巧变通，却发现苦恼随之而至，因为这是违背本心和意志的行为。这才真正领悟到忠厚老实的好处，遇到有人用狡猾的手段，只有用"真诚"两个字去抵御。

为人刚直，为官忠亮清节，是彭玉麟踏实本分的人格写照。他劝告弟弟，千万不要学别人耍心机用权谋，学得不像还会惹人讥讽笑话，就像东施效颦一样，盲目地胡乱模仿，结果丑态毕露。

我们在教育孩子的时候，也要突出为人笃实，教导他们老老实实做人，踏踏实实做事，少一些机巧诡谲，获得内心的平静。老实人所走的道路，也许开始会崎岖一点，但回报终究不会缺席。为人笃实是一种笨拙的智慧，却深藏着高贵的品格。作为新时代的青少年，厚道处世，人生之路才会越走越开阔。

谕子
（一）

古圣人之道，诲人以善言，薰[1]人以善德。曰：善与人同。其徒以善教人以善养人者，善言善德或有限，则又贵取诸人以为善。人有善则取以益我，我有善则取以益人，彼此尽陶冶感化之功，故善端[2]无穷，而善源[3]不竭。君相之临朝抚元元[4]，师儒[5]之诲人于不倦，莫大乎与人为善。方今剧寇[6]猖狂，城邑墟邱[7]，人民水火，苦无诲之以善、薰之以善之人，鼓荡[8]斯世之善机，挽回天地之生机也。善机既泯[9]，恶流横溢，汤汤[10]似洪水，非疏导之力能遏止者矣。近以平贼有所感，录示数语，体会之。

注释

1 薰人：熏陶，指人的思想行为因长期接触某些事物而受到好的影响。

2 善端：善言善行的端始。

3 善源：善言善行的源头。

4 元元：老百姓。

5 师儒：古代指教官或学官，即老师。

196

6 剧寇：强悍的贼寇，这里指参与太平天国起义人员。因彭玉麟属于清政府官员，奉命镇压太平天国起义，因此称对方为"寇"，后文的"贼"亦同。

7 墟邱：废墟，荒地，指繁华城市因太平天国起义被破坏为废墟。

8 鼓荡：鼓动激荡。

9 泯：泯灭，丧失。

10 汤汤：水势浩大、水流很急的样子。

解读

善言善德，诲人不倦

本文开篇即指出，要用善言来教导人，用善德来熏陶人。这与《孟子》中"与人为善"的理念一脉相承。与彭玉麟同时的曾国藩尝言："以言诲人，是以善教人也；以德熏人，是以善养人也。"他们都在强调，修炼自己的品行，与人为善，拂去人心的功利性，塑造美好品行。但是这两种方式也有区别：以言语教诲较为直接，可以在很短的时间内传达施教者的意图；而以品德来熏陶则较为间接，需要花费很长时间来产生潜移默化的影响。

若究"以言诲人，是以善教人"的初衷，一方面是要强调以言语教诲他人可以让人向善，另一方面也强调了这种教诲的出发点必须是善意的，才具备征服人心的力量。

彭玉麟认为，不管是国君管理黎民百姓，还是老师教育学生，都没有比"与人为善"更好的品行引导了。与人为善，善亦所趋，这是做人的原则和处世之道。因彭玉麟自身属于封建统治阶级，站在维护正统的角度看问题，没有看到太平天国起义的正义性所在，所以将起义军一概以"贼"视之。他认为，太平军之所以来势汹汹，是因为时人没有被善言善德感化。面对如此境况，他认为提倡与人为善，可以洗涤心灵，是鼓舞激荡社会风气的好机会。这不免带有一种狭隘的历史观，但对任何社会、任何个人而言，"与人为善"都是一种极可贵的品质。

善言善德在家庭教育中的重要性不言而喻。教会孩子善良，在社会上与人相处之时，多一分设身处地为他人着想的善意，格局才能更大，人生也会走得更远。家长要诲而不倦，激发孩子们内心的善良，自己先要立身端正，为人处世肯谦让，吃小亏，这样才能更好地做到以善教子、以德熏子。

但正如《庄子·养生主》里说的"吾生也有涯，而知也无涯"，我们也不可能什么都懂，所以还要教育孩子学会去观察周围的人群。如果别人有比我们做得优秀的地方，我们自然要去学习别人。这也就契合了我们如今提倡的"相互学习、相互帮助"的理念。如果彼此用善良的言、德熏陶，则彼此都能在这一过程中得以提升，都能受益，善良之德行就能源源不断充盈于社会之中，社会也就能更加和谐美好。但是，我们也不能一味教育孩子无原则地善良，世界是错综复杂的，人性善与人性恶同在，为避免善良被坏人利用，也要管理好善良。

谕子
（二）

　　强凌弱，众暴寡，势利之天下，岂自今日始？惟有坚毅卓立[1]之精神足敌之。从古跻[2]帝王卿相之尊者，有是精神；为圣贤豪杰者，有是精神。临难不畏，逢敌不惧，故能不亢不卑而成大事业。余性素[3]刚强，每喜与京都名公巨卿之作威作福者寻仇，亦未尝无卓立坚毅之精神，不畏强御，务使欲心敛迹而后已。近来入世稍深，觉天地间刚柔不可偏废，太刚则易折，太柔则易靡[4]。刚非暴戾恣睢[5]之谓也，强矫[6]可已；柔非卑弱懦下之谓也，谦退可已。创家业则刚，乐守成则柔。与名公巨卿论国事则刚，与兄弟父子论享受则柔。若名已立而功已成，广置田园，大兴土木，劳工而疲财，乃自满之象，非谦退之道也，其业易隳[7]，其名易裂，非吾所乐闻也。

注释

1 坚毅卓立：坚韧不拔、毫不动摇。

2 跻：跻身，置于⋯⋯之中。

3 素：素来，一直的意思。

4 靡：萎靡不振。

5 暴戾恣睢：形容凶残横暴，想怎么干就怎么干。暴戾，凶恶、残暴；恣睢，任意做坏事。

6 强矫：强力修正，强力执行，强制施行。

7 隳（huī）：毁坏，损毁。

解读

审时度势，刚柔并用

　　彭玉麟告诫儿子，要想改变恃强凌弱、以众欺寡的社会现实，就要培养自己坚韧不拔的品格。他认为，纵观历史上的圣王贤相、功臣名将，他们之所以获得成功，就是因为身上不乏刚毅挺拔之气。这是一种超凡脱俗的气概，一种势不可当的力量，一种充满血性的风骨。这就是湖湘文化性格里的"霸蛮"气质。彭玉麟作为湖湘名将，深受刚强血性的湖湘文化浸润，一生以"不要钱，不要官，不要命"的刚直个性著称，受到世人的敬服。他无论是在战场上杀敌，还是官场上遭遇同僚的嫉恨与流言蜚语，都以"正面刚"的坦然态度处之。彭玉麟的"刚"，就是为自己考虑少一点，对国家的担当多一点。俞樾所作的《彭刚直公神道碑文》有言："人之生直，其为气刚，刚则近仁，直大以方。"对彭玉麟而言，这是他无愧于国家、无愧于百姓的刚毅卓著品行的真实再现。

对于普通人来说，"刚"是一个人的骨架，挺立于世而不随波逐流，遇事挺身担当而非明哲保身。遇到困难险阻，能以坚韧的意志披荆斩棘，而不是以消极、畏难态度避之。人若无"刚"则无以自立，若不能自立则无以自强。刚强，是建功立业的基本素质，唯有刚强，生命之无限潜能才能释放出来。

虽然"刚"如此重要，但彭玉麟深刻剖析了过往行为，认为自己虽然也嫉恶如仇，但回想起来，仍需躬身自省，过于刚毅则易折，这也是我们要注意的。做人过于刚直，容易树敌，而有时候懂得迂回，并不意味着屈服放弃，而是胸襟宽广的表现。

彭玉麟的这一思想和与其亦师亦友的曾国藩颇为一致。曾国藩自幼祖父便告诫他，做人当以"懦弱无刚"四字为大耻。因此，曾国藩认为"倔强"二字不可少，功业文章都必须有这两个字贯穿其中，否则会一事无成。他早年在京城做官时，慨然与那些名气大、地位高的人争斗，表现出挺然独立、不畏强势的精神。但这也让他经常成为排挤打击的目标，遭遇了诸多曲折磨难。他在实践中逐渐认识到过刚则易折，易折则无以达到自强之目的。因此，他在秉承祖训的基础上，又根据自己的亲身体会总结出：人不能只具备"骨架"，还要具备"血肉"，而"柔"，就是一个人的"血肉"，刚柔并用才是为人处世的大智慧。

彭玉麟还告诫我们，在什么样的情势下该争，在什么样的情势下该退，要根据客观情况审时度势，刚柔并用。在大是大非面前，在天下兴亡的大义面前，不争何待？在人生难行的阶段、在名利场中、在富贵之乡、在人际的是非面前，退让一下又有何不可？进退有度，亦是立身处世的大智慧。

郭崑焘

　　郭崑焘(1823—1882)，字仲毅，号意城，晚年自号樗叟，湖南湘阴人，郭嵩焘大弟。早年受业于长沙岳麓书院，精儒家性理，好经世之学。咸丰二年（1852）参佐湖南巡抚张亮基军务。嗣襄办湖南巡抚骆秉章军务，献计越境镇压太平军，并与左宗棠筹设盐、茶厘金两局，筹措军饷，因时协济，以内阁中书用，并加五品衔。后相继为湘抚毛鸿宾、恽世临、刘崐等谋划镇压太平军与贵州苗民义军。光绪八年（1882）去世。光绪十四年（1888）附祀曾国藩专祠。著有《云卧山庄诗集》等，其孙郭振墉辑有郭崑焘与郭嵩焘合著的《湘军志平议》。

论读书五则示儿辈

读书当沉潜涵泳[1]，探索义理。读书之时，口在是[2]，眼在是，心即在是。虽不能如古人之默识[3]，亦宜低声徐诵，使神闲心定以求有得。若大声狂吟，则头昂心散，必且躁率扰乱[4]，不复能深入矣。

读书当自首至尾，次第读去，彻始彻终，使全书了然于心，庶[5]为有益。若一部之中，随意抽取一本，一本之中又随意翻阅数叶，但记一二故实[6]，而于作者之精神脉络茫乎未有所会，虽终日读书，仍与未读无异。此世儒通病，最宜深戒。

读书忌鲁莽、忌作辍[7]，未有鲁莽而不作辍者[8]。古今书籍，汗牛充栋，安能一时而尽读之？但就所应读者，循序渐进，铢积寸累[9]，果能一一融会，即已终身受用不尽。若此书甫[10]读，忽又思及彼书；此卷甫读，忽又思及下卷。急遽苟且[11]以求速毕，猝不能毕，便生烦扰，烦扰之久，必成疲倦，于是未读者究不及读，而已读者转致抛荒，此学者之大病也。

读书要优游餍饫[12]，昔人所谓"如膏泽之浸、江海之润，涣然冰释，怡然理顺"。固非可恃一二日之功以希捷获也。书有未熟者，更读之又重读之；义有未明者，更思之又重思之。常使此心从容暇豫[13]，充然有余，然后可期无不熟之书，无不明之义。一涉急躁，便归无成。譬之行路然，或日可百里，或日仅数十里，乃足力之不可强者。以数十里之足力而强欲百里，必且汗流气喘，僵卧道旁，明日虽欲数十里而亦不能矣。何如不尽其足力，日日安行，即千里万里终可冀有到时耶！先辈有云："要有恒，何必三更睡五更起；最无益，只怕一日曝十日寒。"数语当深味之。

读书非徒工词章，取科第而已，将以穷理尽性，志圣贤之道，而免为流俗之归也。变化气质，是儒者第一层工夫。一念是则思所以成之，一念非则思所以遏之；一行善则思所以充之，一行过则思所以改之。[14]处处闲存[15]，时时省察，然后为真读书人，然后可以穷不失义，达不离道。圣门诸贤首推颜子，而孔子称其好学。第[16]曰："不迁怒，不贰过。"然则学者可以知所从事矣。若既知悔悟而仍安于悠忽[17]，今日所悔，明日复蹈之；明日所悔，后日又蹈之，即令工词章、取科第，足以夸世俗，而不足以对圣贤，不得谓之真读书之士也。

注释

1 沉潜涵泳：阅读时沉潜其中，反复玩味和推敲，以获得其中之味。

2 是：这。这里是指沉潜涵泳，探索义理。

3 默识：暗中记住。

4 躁率扰乱：急躁轻率，纷扰混乱。

5 庶：或许。

6 故实：典故。

7 作辍：时作时歇，不能持久。

8 有鲁莽而不作辍：一味鲁莽求进而没有停歇。

9 铢积寸累：由细微而累积，比喻积少成多。铢，古代重量单位，常指极轻的分量。

10 甫：刚刚，才。

11 急遽苟且：仓促敷衍。

12 优游餍饫：指徜徉文字，细细品味。

13 暇豫：悠闲逸乐。

14 一念是则思所以成之……一行过则思所以改之：一个念头是对的，就想着如何成就它；一个念头是错误的，就想着如何遏制住它；行为正确时要想着如何充盈它；行为错误时要想着如何纠正它。

15 闲存：约束邪念，保持诚意。典出《周易·乾》："闲存其诚。"闲，限制；约束。

16 第：只，只是。

17 悠忽：闲散放荡。

解读

读书自有常法，心定循序常省察

　　郭崑焘教导子侄读书的法门，概括起来，一是神闲心定，沉潜涵泳；二是循序渐进，铢积寸累；三是处处闲存，时时省察。

神闲心定即戒去焦躁，戒去焦躁方能沉潜涵泳。焦躁会导致只求读过书，不求读好书。有趣的是郭嵩焘举出的实例，"若大声狂吟，则头昂心散，必且躁率扰乱，不复能深入矣"，恰巧也是当下许多中学生的状态。早读时书声琅琅，看似热火朝天，其实和尚念经，有口无心。

要想读得扎实，除了神闲心定，还要循序渐进。郭嵩焘反对走马观花式阅读，正与曾国藩"一书不尽，不读新书"的理念相同。一章书、一本书没认真读完，没理解其真正内涵，就不要急着读下一章或者下一本。贪多不务得，浅尝辄止，何尝不是今天人们读书的通病？特别是当下，科技带来便利的手机阅读，读图取代读字，而文字阅读又逐渐碎片化，人们的阅读看似广博，其实没有深耕的广博最为肤浅。要像郭嵩焘所说"自首至尾，次第读去，彻始彻终"，日积月累，学问才能水到渠成。

以上两点讲的都是读书方法，第三点"处处闲存，时时省察"则指向读书目标，即读书时要参照书中前人智慧时时自省，约束邪念，保持诚意。"书中自有千钟粟""书中自有黄金屋""书中自有颜如玉"的俗语正说明了千年以来大多数人读书目的不纯，就是今天，许多人依然将考试升学作为读书的全部意义。而郭嵩焘讲读书正为"变化气质"，无论穷通，都应"志圣贤之道"。所以，青少年读书应当把修身养性作为读书最终极的目的。

读书养人。神闲心定，沉潜涵泳，能成宁静踏实之性格；循序渐进，铢积寸累，淬出笃定坚毅之心性；处处闲存，时时省察，成就纯粹高尚之胸襟。青少年应当通过读书去浮躁、去怠惰、去功利，存宁静之性，养坚毅之志，成高尚之德。

论居官十五则示庆藩（节选）

清、慎、勤，自古相传官箴也。然非主之以明，则清以自守，[1]而假威福以恣贪饕者[2]，无从觉察而禁制之也；慎以处事，而因迟疑以成积压者，无从洞达而断决之也[3]；勤以办事，而值繁难以滋纷扰者[4]，无能昭晰而次第之也[5]。或以清之故而流为刻薄，以慎之故而归于畏缩，以勤之故而多所纰缪。不明之蔽，势将与不清、不慎、不勤者殊途而同归，而美名既居[6]，厥咎莫执[7]，后来补救之难，或较甚[8]焉，此不可不辨！惟诚可以生明，惟明可以广才。盖有诚心则必有真意，有真见则必有实力，力所至而识充焉，识所通而才出焉。天下之安于无才者，必其未尝诚于任事者也。

人人以退让为贤，朝廷之设官，何为任事者？当官之责，斯世之所赖也。同僚之嫉忌，亦往往由此起焉。君子守道而已。道当任则任之，不以难自沮[9]，亦不以能为其难自矜[10]；当让则让之，不以能自炫，亦非以曲晦其能自藏[11]。先贤有言："廓然而大公，物来而顺应。"[12]从古无避患之豪杰，亦无敛怨之圣贤。

一有自私自利之心，则国计民生之相待，愧负者多矣。君子之居官，上顾吾君，下顾吾民，中亦顾吾身。所谓顾吾身者，非第[13]善保宠、荣利禄而已。其视吾身为朝廷所倚任，闾阎[14]所依赖，即不得薄待其身，以堕于一切苟且之行。自肥者，自污者也；自满者，自损者也。循吏[15]不为身家计，而身家常泰；墨吏[16]专为身家计，而身家常倾。君子于此可以知所择矣。

世俗宦场有三反。有益于公之举，往往规避处分，瞻顾而不敢为；及自营其私，则虽干大典[17]、冒严谴，亦毅然为之而不惧。丁役、书吏倚之为腹心，言必听，计必从；而于友朋、绅士之言，未启口已格格不能相入，甚或仇雠视之。除一蠹[18]、惩一匪，即托为好生之说，百端开脱，曲法保全；至良民之株连拖累、颠沛流离，仍漠然不以少动于心。官箴之弛[19]，习尚之媮[20]，此最其不可解者。必去此三反，始可与言吏治。

"出门如见大宾，使民如承大祭。"[21] "己所不欲，勿施于人。"此数语当服膺弗失[22]。谐谑[23]者，嫌隙所隐伏；径遂[24]者，怨谤所从生。惟主敬行恕[25]，为能善处上下之交，随所往而无不宜。

勤能补拙，俭可养廉，二者各相济而交相成。勤以任事，则神不外驰，而世俗之纷华莫能相扰矣；俭以持身，则心常澹定，而暇逸之征逐非所耽矣。惟勤，然后可以俭；惟俭，然后能勤廉。上者充之，可以有为；次者循之，亦不失为有守。

注释

1 非主之以明，则清以自守：不是以明智主持、贯穿清、慎、勤（清廉、谨慎、勤勉），就是以清廉坚守自我的品格。

2 假威福以恣贪饕者：狐假虎威、肆意妄为、贪婪暴戾的人。

3 洞达而断决：通透事理并且果断处理。

4 值繁难以滋纷扰者：遇上繁琐困难从而滋生纷扰的事。

5 昭晰而次第：清晰明了并且有条不紊地完成。

6 居：占据。

7 厥咎莫执：这种过失不能纠正。执，本义为捉拿、捕获，这里指纠正。

8 甚：严重。

9 不以难自沮：不因为困难而沮丧。

10 亦不以能为其难自矜：也不因为能够胜任困难之事而傲慢。

11 亦非以曲晦其能自藏：也不因为韬光养晦而过度掩藏自我。

12 廓然而大公，物来而顺应：语出《河南程氏粹言》卷二《心性篇》，意思是物我两忘，以天地万物为一体，按照事物本来的道理（即天理）行事，顺其自然。

13 第：只。

14 闾阎：里巷内外的门，泛指民间。

15 循吏：守法循理的官吏。

16 墨吏：贪官污吏。

17 干大典：触犯国家典章法令。

18 蠹：蠹虫，指贪官污吏。

19 弛：松懈。

20 嫲：轻视。

21 出门如见大宾，使民如承大祭：语出《论语》，意思是出门办事就像去接待贵宾一样，役使百姓就像去举行重大的祭祀一般，都要认真严肃地做。

22 服膺弗失：牢牢记在心里，不可忘记。

23 诙谑：滑稽而略带戏弄。

24 径遂：犹直捷。

25 主敬行恕：恪守诚敬，能以恕道行事。恕，推己及人。

解读

居官之道，在主敬行恕

郭嵩焘论居官数则，或曰以"明"主清、慎、勤；或曰君子守道，当任则任，当让则让；或曰去自私自利之心，去三反之俗；或曰勤能补拙，俭可养廉。一以贯之，无非主敬行恕。

"主敬行恕"即恪守诚敬，能以恕道行事。

恪守诚敬，才能认真对待诸人诸事，有敬畏之心。儒家讲究"诚意正心""修齐治平"，所以郭嵩焘认为做官仅仅清廉、谨慎、勤勉还不够，如果没有发自内心的"诚"，就缺少"明"，那么清廉、谨慎、勤勉就会走入极端，变成刻薄、畏缩、纰缪。

能以恕道行事，就是能推己及人（或"己所不欲，勿施于人"），要能从百姓的角度考虑问题，"国计民生"时时在心。

这也是郭嵩焘所谓"君子守道"之"道"。有利于国计民生，虽千难万难，也是当任则任，反之，当让则让。以此为行为准则，心态才能平衡，不以任喜，不以让忧。

郭嵩焘讲的虽是居官之道，其实也是为人处世之道。在青少年的成长过程中，树立修身标准十分重要。待人有礼，言语有敬，行止有度，方显修养，方见出人格魅力。

综合以上，"主敬行恕"既是居官之道，也是修身之道——心存敬畏，推己及人，忠于本心，尽心待人，尽力做事。

王之春

王之春（1842—1906），字爵棠，号椒生，清湖南清泉（今衡阳）人。弱冠从戎，先后作为曾国藩、李鸿章和彭玉麟的部属，参与镇压太平天国起义，历任山西巡抚、安徽巡抚、广西巡抚。曾出访日本、俄罗斯、德国、法国，多次向朝廷上书自强新政。晚年因镇压四川余栋臣起义，特别是预借法兵镇压革命党起义，激起国内拒法运动而被解职，待罪京师，后迁寓上海。光绪三十年（1904）十月，因主张"割地联俄拒日"遭爱国志士万福华谋刺。万福华刺杀未遂，被捕，黄兴、章士钊等被牵连入狱，此事轰动一时。此后王之春在政治舞台上湮没，回乡静居。光绪三十二年（1906）卒，葬于杨柳河黄屋山，诰授光禄大夫、建威将军。著有《防海纪略》《谈瀛录》《使俄草》《国朝柔远记》《椒生随笔》等。

自警箴

　　高伯祖中翰公讳光国，字梅浦，雍正乙卯科中第四名经魁，著有《自警箴》云："勿自足，自足自画[1]。勿多言，多言多失。勿宴安[2]，宴安气惰。勿玩物，玩物志溺。勿为诡异以沽虚名，勿矜细行以累大德[3]。勿亲损友远益友，勿作无益害有益。勿荷[4]安于近小，当志乎远大之事。勿欣戚[5]于穷通[6]，当尽其在己之实。顾以七年之病，而求艾[7]于三年；讵可一日之暴，而寒之以十日？圣学邈如望洋，流光疾如过隙。揭斯语于斋居，用警勉于朝夕。"辞理朴质，凡我子孙皆宜书置座右，以为身世金针[8]。

注释

1 自足自画：自我满足就会导致自我限制。

2 宴安：安逸享受。

3 矜细行以累大德：谨守小节而损害大德。

4 荷：承受，承担。

5 欣戚：欣，快乐；戚，悲伤。

6 穷通：穷，身处困厄之中；通，身处通达之境。

7 艾：用于针灸的艾草。

8 金针：比喻某种技能的诀窍。

解读

勿为诡异以沽虚名，勿矜细行以累大德

这篇《自警箴》里一共有"十勿"：不要自满、多言、放纵享受、玩物丧志、沽名钓誉、损害大德、亲近损友、行有害之事、安于眼前，以及不要被处境左右心态。王之春以祖辈之自警箴言教导子孙为人处世，确实明智。

在诸多"勿"中，最值得注意的是"勿为诡异以沽虚名，勿矜细行以累大德"。不要试图做一些诡异不实之事来获取名声，不要拘泥小节而导致大德有亏。道理清楚明白，但是践行不易。就拿生活中常见的例子来说，今人所谓"立人设""博眼球"，就是极尽诡异不实的行为，沽名钓誉以求利益。青少年在这一方面要特别警惕，一旦陷入"为诡异以沽虚名"的陷阱当中，就难以自拔，久而久之，忘了本心，甚至以为假面才是自我。又如当朋友之谊与是非标准发生冲突时（即小节与大德的矛盾），部分青少年选择站在日日亲近的朋友这边，而忘了是非曲直。所以，真实地面对自我，从大德出发做事，就显得尤为重要。

谭嗣同

谭嗣同（1865—1898），字复生，号壮飞，湖南浏阳人，中国近代著名政治家、思想家，维新派人士。早年曾在家乡湖南倡办时务学堂、南学会等，主办《湘报》，又倡导开矿山、修铁路。光绪二十四年（1898），参与戊戌变法，失败后被杀，年仅33岁，为"戊戌六君子"之一。所著《仁学》，是维新派的第一部哲学著作，也是中国近代思想史的重要著作。

李闰（1865—1925），谭嗣同之妻，自号"臾生"，长沙人，辛亥后曾任浏阳女子学校名誉校长。

致李闰（其一）

夫人如见：

正欲起程赴鄂，忽然记出一件至要之事：我既保举进京，而功名保札[1]、部照及一切公文，均未带来，兹特专人来取。请详细检出来，并捐道员之实收，一一点清，封作一包，外加油纸，即交送信人带下，万不致误。

又单纱蟒袍各一件，挖云抓地虎新快靴一双，伽楠十八子香珠及镶金伽楠搬指_{去年所买者}各一个，天球、地球、团扇各一柄_{并纸盒}，香末数珠一串，好红烧料鼻烟壶二个，均请检作一包，一同寄来为要。

我此行真出人意外，绝处逢生，皆平日虔修之力，故得我佛慈悲也。

夫人益当自勉，视荣华如梦幻，视死辱为常事，无喜无悲，听其自然。惟必须节俭，免得人说嫌话。至要至要！

廿九日信收到，诸事即照办。

此请

德安！

谭复生手草 五月初二日

1 保札：一种公文文书。

视荣华如梦幻，视死辱为常事

　　此信写于光绪二十四年（1898）五月初二日，谭嗣同在长沙接到光绪皇帝的谕旨，准备启程北上之时。他因为遗漏了保札、部照等物，写信让妻子将所需之物一一备好。交代完这些事之后，谭嗣同还与妻子倾谈数语（并不因妻子是女流，而忽略与妻子的精神交流），一是说他此行进京可谓"绝处逢生"，因"平日虔修"，得到了福报，欢喜之情溢于言表。二是鼓励妻子"益当自勉，视荣华如梦幻，视死辱为常事，无喜无悲，听其自然"。三是叮嘱妻子务必"节俭"。他与妻子是如此说的，而他本人也是这么做的。维新变法失败后，谭嗣同不愿逃亡，他说："各国变法无不从流血而成，今日中国未闻有因变法而流血者，此国之所以不昌也。有之，请自嗣同始。"可见，他已将生死荣辱置之度外，唯国事是担，至今他的绝笔诗"我自横刀向天笑，去留肝胆两昆仑"依旧感动着许多人。

　　今日之青少年也应当学习从小定下远大目标，以承担国家责任为己任，将个人得失荣辱置之度外，如此方不负青春。

唐才常

唐才常（1867—1900），字黻丞，后改佛尘，湖南浏阳人，清末维新派，中国近代史上著名的政治活动家。与谭嗣同同乡，同师于欧阳中鹄，并称为"浏阳二杰"。戊戌政变后，去日本、南洋集资，回沪后创"自立会"，旋于汉口谋发动自立军起义，事泄被捕就义。有《唐才常集》。

上父书十六则（其八）

敬禀父亲大人膝下：

男于五月十八日寄回第九号家信一封，此时谅已收到。

男接读大人手书，自一号至八号止，此信写完，又接到第十号。惟九号尚未接到。想以后又络绎道途矣。

男孤栖幕府，既无良朋谈笑之欢，又无世故纷华之接，孑焉一身，极无聊赖。唯是课读之余，赋诗、读书，乃屏息静坐而已。

蜀中天气，与湘中大不相类，其寒热以晴雨为准：晴则骄阳可畏，雨则峭寒逼人。一日之中，或单衣，或棉衣，调护失宜，疾病随至。男自入川以来，极知保重，不至为寒暑所侵，且精神强健，较胜于前，凡一切起居，大人均无须代虑。

子玖先生[1]出棚后，亦与男时有信往来。又恐男孤寂，所以慰藉之者良厚。但家庭久隔，梦想时萦，不知祖母大人及双亲大人均如常康健否？男妇分娩之后，母女均无恙否？次丞、华丞及邰生弟近来进境何如？桂儿仍如前骄顽否？此皆男梦想中情形，而未能一日释诸怀者也。

男近日读书，颇有进益处。每抑郁无聊，即喜作史论以浇胸中之磊块[2]。然亦不多作，多作则耗气伤神，反使此心不灵矣。读书亦然，兴之所至，即随意翻阅，稍疲则否。盖出门人以保养身体为要，惟恐神气不完，致外感之易入也。

蜀中六月以来，雨水甚多，绝无暑天气象。男总以多穿衣为保重之法，饮食亦喜清淡之物，每日两顿饭外，食粥二次，其余点心，一概不食，恐其伤人也。

肃此³，即叩祖母大人及双亲大人金安。

男才常谨禀 [壬辰]六月十六灯下

注释

1 子玖先生：瞿鸿禨（1850—1918），字子玖，号止庵，晚号西岩老人。湖南善化（今长沙）人。晚清曾任军机大臣。

2 磊块：积砌成堆的土块。比喻心中郁积的不平之气。

3 肃此：敬此。对尊长的书札用语，表示恭敬地修此书信，放在颂祝语的前面。

解读

心中有人，心中有我

这是唐才常写给父亲的一封家书。这封家书写得极其随意，内容琐碎，但仔细看来，共写了三个方面的内容：一是报平安，自称极知保重，父亲无须挂怀；二是表思念，远离家乡，还挂念着家中父母妻儿；三是明修身，交代自己虽独居蜀中，但每天都不忘课读、赋诗、作史论、静坐。

这三点看似平平无奇，却是心中有他人、心中有自我的重要表现。心中有他人，所以才惦记家人，同时又能主动报上平安，免去家人牵挂；心中有自我，才时时精进，读书作论，时刻反省，静坐思过。

如今，我们也要学习唐才常的这种品质。眼里有人，能站在他人的角度思考问题，尽量不给他人带来困扰。如此，同学关系、同事关系乃至大部分的人际关系就能保持良好。眼中有我，任何时候都不敢放松对自我的要求，不懈怠、不偏颇。如此，才能成为一个有才有识之人。

曾国荃

曾国荃（1824—1890），字沅甫，号叔纯。湖南湘乡白杨坪（今属双峰）人。曾国藩弟，曾随曾国藩征讨太平天国起义，成为湘军的主要将领之一。逝世后清廷准其入祀昭忠祠、贤良祠；册赠太傅，谥号"忠襄"。有《曾忠襄公奏议》等著作存世。今人辑有《曾国荃全集》。

曾纪泽（1839—1890），字劼刚，号梦瞻，曾国藩长子，清代著名外交家，曾出任驻英、法大臣，是中国近代史上第二位驻外公使，与郭嵩焘并称"郭曾"。后在任驻俄公使期间与沙俄谈判，签订《中俄伊犁条约》，收回部分领土和主权，被认为是晚清一次较为成功的外交行动。去世后追赠太子少保，谥号"惠敏"。著有《佩文韵来古编》《说文重文本部考》《群经说》等，后人辑为《曾惠敏公全集》。

曾纪鸿，字栗诚，曾国藩次子，父亲去世后荫赏举人，充兵部武选司郎官。不热衷于仕途而酷爱数学，并通天文、地理、舆图诸学。可惜因病早逝，年仅33岁。

谕纪泽纪鸿侄

劼刚、栗诚贤侄文几[1]：

近日未得安信，良切悬系[2]，想合署清吉，一切顺遂，高堂老人起居安泰，以念以忻[3]。南省六月初十得大雨，人心为之大定。

前七属府考已毕，湘阴县案首[4]本系意城[5]之次子，而府案首又系志城[6]之次子，才十四岁，工于写作，《六经》、《文选》、古文无所不记，宜其取首。其兄长三岁，诗文实更高古，而屈居前列。湘阴郭氏多出年少能文之人，好才子，好涵养！令人羡慕之至！

七属武考七月廿日可以考毕，茶、攸、安乡、益阳府考已示期七月廿六日，岳崧[7]三侄若十五日启行，廿日到此，恰好静养几天入场，临盆坐草，亦殊不易，思之憬然。报捷之喜当在八九月也。

益阳向本附前七属同考，今年以土匪仇杀劫狱之案，焚烧衙署，遂并其试卷而同为焦土。若出示重试则向无此例，尚须劝各童补卷，如寻常插卷一般，所谓瞒上不瞒下，故压与后四属同考。学台六月底可考衡州，武试毕，到长沙亦必八月初矣。

凌云偶舅到岳州卡尚无信来，大约七月初间回家一次，经过此间可小住。余或月底到家，七月中旬率岳崧侄来城赶府考，仍要其师曾性安来省送考，照应一切，免得我七老八撅，提红笔袋公也。

顷偶思江南城里好《古人词略》，我一个人想摆两册放到桌子上摆看。又《唐人万首绝句选》亦要两册，便中望侄寄回，如承每样寄一册与岳崧，俾[8]得有目共赏，亦吾心之所乐也。此外如有我所不知名之小部头书，亦望剔几册回。

湘乡城边凡谓人打把戏占小便宜，皆曰"剔"，似与"体"同音，犹呼某人曰某"咪子"，此九咪子。近日人品长进处，非素志也。此致，即候近佳并叩堂上老人万福，叶、崧二贤均致意。

沅甫手草 六月十八日

注释

1 文几：供读书作文的几案。亦为文人间的书信用语，犹足下。

2 良切悬系：很是深深挂念。良，很，甚；切，深深地；悬系，挂念。

3 忻（xīn）：欣喜。

4 案首：科举时代童生院、府、州、县试的第一名。

5 意城：即郭崑焘，字仲毅，号意城。湖南湘阴人，郭嵩焘大弟。

6 志城：即郭崙焘，字叔和，号志城，湖南湘阴人，郭嵩焘二弟。

7 岳崧：曾国华(曾国藩的弟弟)长子曾岳崧。

8 俾（bǐ）：使。

再大的官，也有乡亲父老

这是曾国荃写给两位侄儿的书信。在信中，曾国荃首先夸赞了郭崑焘、郭嵛焘二人之子在科考中高居案首，其次便是安排岳崧侄儿的考试事务，第三托纪泽、纪鸿购买书籍。

从这三点可以看出，曾国荃作为朝中重臣、族中长辈，并无架子，与侄儿话家常，关心同族同地之人事，特别是对于侄儿岳崧，这位叔父不仅打听好了科考时间，更是推算了出榜时间，安排了送考人员。想来，晚清以来湖湘名人辈出，与湖湘人士关心故土乡里不无关系。古人强调"达则兼济"，回馈乡梓、提携后辈乃是"兼济"的一小步。

再大的官，也是个普通人，也有乡亲父老。这是我们从曾氏家书中管窥的一斑。而当下社会，随着经济的飞速发展，城市化进程加快，人们越来越强调独立性，有时难免只顾及自己，忘了同学、同族、同乡之情。读完这封家书，惟愿我们的青年，在发展自我的同时，也能关心同学、同族、同乡，每个人完成一小步，社会必定前进一大步。

复纪泽侄

劼刚贤侄文几：

得七月十二夜信，知侄父亲、母亲康健如常，合署平安，至以为忻[1]。西人之咆哮，由于某公主使，能发而不能收，若辈之伎俩大半如此。时下以此为能人，且畀[2]之以重柄，言听计从，杞人窃以为忧久矣。所幸各夷内乱，自顾不遑[3]，必不能久扰于兹[4]。且李相伯八月必到津门，师生沆瀣[5]，可以相与有成，九月结案，即可谋息肩良法也。

山中淡泊滋味，愈尝之久则愈深，以长不至其境不知也。十年前，余第知"实"字、"勤"字为持身涉世之要道。同治元年起，余即悟出"闲"字、"空"字之妙义，故能得大宠大辱置之度外，所以举世非之而不顾，亦能视举世摧之而于我无与也。居官办事，亦不可不存此胸襟。

筠仙[6]极诵当时办夷务之贤，吾独不以为言。据鄙见，自从庚子、辛丑以迄于兹，无岁不措置乖方[7]，无处不启逞纳侮。事已至此，无可言矣，尚何能挽回耶？夷人终不能为害于中夏，亦无庸过于隐忧。在内之政治不修，忧之亦无补于时局，只有委心任运为计之得也。

父亲如蒙恩能退，实系明哲保身之道，千秋万岁之名，此事断不至损一毫末。看透此层，自然百病消除，千祥云集矣。

此候近佳，并叩高堂[8]老人万福。

沅甫手草　八月初二夜

注释

1 忻（xīn）：欣喜。

2 畀（bì）：给以。

3 遑：空闲，闲暇。

4 兹：这，此。

5 沆瀣：夜间的水汽。比喻意气相投。

6 筠（yún）仙：郭嵩焘，字筠仙，号云仙、筠轩，别号玉池山农、玉池老人，湖南湘阴人。晚清官员，湘军创建者之一，中国首位驻外使臣。

7 乖方：违背法度，失当。

8 高堂：对父母的敬称。

解读

以勤为本，看淡得失

曾国荃在这封信里，与侄儿纪泽谈及军中情况，他是湘军中响当当的一号人物，对于时下颓败局势，字里行间流露出略显自负的豪气，认为不久便可取得好的战绩，稳定大局。这确实与曾国藩多次在文中提到九弟的"踞傲"性格和行事作风相符，而这一点，也正是大哥曾国藩所担心的，他多次在书信中劝勉九弟戒骄戒躁。联系到当今青少年，当行为举止浮躁轻率之时，能否听得进批评意见呢？对处于叛逆期的他们而言，特别要注意引导的方法。家长自己首先要做到不浮不躁，理性思考对策，将自己置于孩子的处境，先换位思考，然后一起面对问题。

曾国荃也与侄儿谈及做人做事离不开"勤""实"二字，人生并无任何捷径可走，勤奋与踏实是实现人生理想的基石，是通向成功的桥梁。以鼓励与认可的方式激励孩子坚持不懈、脚踏实地努力学习，让他们认识到业精于勤荒于嬉，付出的功夫深了，自然会迎来厚积薄发的一天，这是当下教育者该体悟的。

同时，曾国荃也与侄儿分享了他的进身感悟，即"闲""空"心法。这里的"闲"非空闲，"空"非空虚，而是保持闲庭信步、宠辱不惊的平常心。这大概是曾国荃经历了人生大起大落之后的真实心路历程的转变，也是时间沉淀的结果。

我们应当如何帮助孩子树立正确的得失观？先从看轻分数、注重实际知识的获取和面对挫折的良好心态开始吧。成长的路上，挑战考验常常不期而至，竞争欲能激发孩子的潜能，但同时也要接受得了"输"，这样才更有助于轻装上阵，以积极心态面对输赢。

熊希龄

　　熊希龄（1870—1937），字秉三，湖南凤凰人。清光绪进士，授翰林院庶吉士。光绪二十三年（1897）任湖南时务学堂提调，因参加百日维新运动被革职。后为端方推荐，任出洋考察宪政五大臣参赞。1913年7月，被任命为国务总理，与梁启超、张謇等出面组阁。次年因热河行宫盗宝案，被迫辞职。1918年创办北京香山慈幼院，开启素质教育与慈善相结合之模式的先河。

　　熊岳龄，字寿峰，熊希龄堂弟，在堂兄弟中排行第三。熊燕龄，字捷三，熊希龄胞弟，在堂兄弟中排行第七，故熊希龄称其为七弟。

　　熊岳龄在沅州府芷江县开了一家名为"同仁丰"的店铺，主要办理存款、放款等业务，后因亏空倒闭，欠下巨额债务，债主纷纷上门讨债，将事情闹得沸沸扬扬。熊希龄作为一代名流，誉满三湘，他爱国恤民，为百姓做过许多好事，颇受时人尊重，在管束弟弟们方面，他自然比常人更加严格。熊希龄在这封家书中，训诫弟弟们痛改前非，不要再起波澜，给家人惹麻烦。

致寿峰三弟捷三七弟函

寿峰、捷三两弟如晤：

兄去腊因病请假回沪，接三弟正月初八日一函，知悉。店事纠葛至此，虽蒙张大令鼎力维持，将户房[1]三分品息[2]，然数目过巨，终不可靠，不免拖延时日，甚为代虑也。乃沅州债主复有匿名函来，种种恶言辱骂，为兄生平所未有，寄还两弟一阅，不知尔等感情何如？三弟试思，兄自近年以来，屡函劝弟收束[3]，弟皆不听，且将实情隐匿，不使兄知，致有今日之败。况兄向于店中往来从未敢多挪分毫，我父亲葬事需费无着，且将家中衣物尽以质于黔阳典库，盖不欲以累三弟及同仁丰也。前年回沅，应欠店中尾数，概行归还，兄之待弟之心，可以想见矣。今店事倒闭，弟等或远出不归，或不知避嫌，致令辱加于兄，且以昧良倒骗之股东名目加之于兄，兄何负于诸弟，致令为宵小[4]所欺，吞声呕气，几不欲生。盖人生斯世，以志节廉耻为本，兄自通籍[5]以来，恂恂[6]于乡党[7]，乡党之人敬之爱之，从未有辱如斯者，此皆诸弟之误我也。近闻务实学堂[8]种种事状，两弟所言所行尤为非是，此举本为奉扬母德，善则归亲，既已捐之于公，即应由公家主持，熊氏子孙不宜过问。兄前定简章内有一条，谓堂中诸事，凡捐户子孙不得干涉，所以杜后患也。而弟等倡言于众，谓为熊氏学堂，并且辱及教员。试思吾家捐产果属何心？弟等不为兄计，独不为母亲计乎？学堂常款年不过二千金，区区之数何足以动心，乃乡人目光如豆[9]，为此款项屡思争夺，至于亲友成仇，挟私报复，无有已时，令人叹世道人心之不古。奈何弟等复躬蹈[10]之！

兄生平最详于公私义利之辨，其事果公，则公心战胜，虽亲如骨肉，不敢以私废公也。其利非义，则义必战胜，虽数只分毫，不敢见利忘义也。弟等倘能以兄之公义为公义，则兄虽受尽辛苦，为弟等担任养家之费，亦所不辞，若任性妄言，陷兄于不义，兄宁死不愿与弟等同流也。往尝见达官贵人公忠谋国，一事不苟，而其子弟亲戚招摇撞骗，种种非为，迨至[11]为人所持，参官革职，子弟亲戚亦不瓦全[12]，两败俱伤，同归于尽，兄尝为之懔惧[13]。故自入仕途，即不欲亲戚子弟在身边办事者，因鉴于世人之前车，亦欲诸弟之能卓然自立，不存依赖阿兄思想也。盖吾人所担当者，国家之事，关系于公众安危，非一人一家可比。故以世人比兄弟，则兄弟为亲，而以国家比兄弟，则兄弟为轻，国家为重也。弟等他日苟能效力国家，兄若有类此者，弟等不齿，兄无怨也。况兄居官做人，外虽圆而内实方，凡遇公事无不破除情面，夫情面破除，则怨者必众。苟无瑕以攻兄，则必攻及其亲戚子弟，以图报复，乃在意计之中。故弟等为熊秉三之弟，尤必步步留神，循规蹈矩，方足以免人之指摘[14]，若稍不谨慎，则祸皆中于诸弟。是兄之想做官人，无在不足以累诸弟也，弟等何利之有？古人云：公极则私存，义极则利存。义利之界不容紊也，紊则求荣反辱矣。兹将前致瑞莘帅[15]一函，抄与两弟一阅，兄之平生宗旨具在于是也。弟等若以阿兄所为为义，此后即宜一切改行，勿以兄远隔万里，不知弟等所言所行也。

吾辈何幸，得为骨肉之亲，且上承祖宗余荫，追溯先德，宜时时以辱亲为念。以兄之保全名节，如八十老翁过危桥，弟等当且喜且惧，日思戒慎，以为兄助。奈何不知大体，以至于此。夫人当境遇困难时，愈宜站定脚跟，不为利动，不为苟且之事，方是豪杰。兄平生得力在此，弟等其详思而审处之，盼甚！幸甚！今晚回奉[16]，匆匆不尽欲言。兄秉公手书。正月二十八日。

再者，三弟来函，云及杨黼人一款求兄设法，兄之景况弟岂不知，去腊连接黼人来函，情词哀恳，此事累人，吾兄弟天良何在？殊觉无颜以对。但兄前与黼人相约，本以同心泰往来二千金为度，此数是兄担任，现在无法，只得复函黼人，愿由兄筹还二千金。除前在常德盐局扣抵薪水外，下余之数由兄认还，总以二千金为止，以尽保人[17]之责任，其余二千自应由弟归还，兄不能管也。弟将来有钱时，再将兄垫之款如数还清，以了此番经手。

又，来函欲令侄儿来沪读书，此举兄不赞成，沪上繁华，年青子弟最不相宜，不如仍在沅州学堂为妥，或常德，或省城，均比上海佳也。且兄现因病体与东三省[18]不宜，拟于六月再请辞差，将来或往四川当差，决不久于上海。即尔嫂嫂等亦拟回长沙居住，上海用度甚大，实不宜也。弟万不可再令侄儿前来，免劳往返，将来弟就事有定地时，再令随侍，亦无不可，张容川[19]之前车可鉴也。

又，来函欲为李鹤州、田翰轩先生汇兑[20]款项一节，查沅州亲友在此间兑款者，无不言之恳切，及至兑券到手，其家中百方迁延，几如索债汤、张之事可鉴，兄实难呕此气。且近日亏累万分，火食尚不能敷用，安能再为人兑款？此后所有一切兑拨之事，概不经手，请婉达各亲友为荷。寿峰三弟。兄秉公又书。

注释

1 户房：清代府厅州县掌管民户的机构，掌管境内户口、地籍、赋税、工商诸事。

2 品息：古代钱庄放款，利息有品息、拆息、插息三种。品息是指往来透支户存欠都计息，但欠息高于存息。

3 收束：结束。

4 宵小：小人，伪君子。

5 通籍：初做官。

6 恂恂：小心谨慎的样子。

7 乡党：乡族朋友。

8 务实学堂：清光绪三十年（1904），熊希龄在芷江创办沅州务实学堂，以蚕桑科为主，不收学费，且供食宿。

9 目光如豆：形容目光短浅，没有远见。

10 躬蹈：亲身履行。

11 迨至：及至，等到。

12 瓦全：比喻丧失气节而苟且偷生。

13 懔惧：畏惧。

14 指摘：指责，指出错误。

15 瑞莘帅：瑞澂，字莘儒，曾任江苏巡抚、湖广总督等。

16 奉：奉天，沈阳旧称。

17 保人：为双方或多方履约作保证的人。

18 东三省：东北辽宁、吉林、黑龙江三省的总称。

19 张容川：张学济，号容川，湖南芷江人。熊希龄好友，二人为沅水校经堂同学。

20 汇兑：邮电局或银行根据委托人的要求，把钱汇寄给收款者。

解读：

守礼守法，方能自尊自强

　　熊希龄写给两个弟弟（寿峰、捷三）的家书，将族中大小事情，都讲得非常具体，既培养他们处理实际事务的能力，更关心他们精神品格的成长。不禁让人深思，良好的家庭教育必然要渗透到日常生活中去。

　　熊希龄再三跟弟弟们声明，希望关掉家族中经营的店铺，以免纠纷太多导致流言蜚语缠身，影响他本人乃至整个家族的清誉。接下来，是弟弟们插手务实学堂的事件令他大为光火。他早已制定简章，规定捐赠后代不得干涉学堂的事情，否则捐赠就成了沽名钓誉之举。对此，他觉得很有必要对弟弟们进行正确的引导。他平生最重公私分明，凡事都要符合道义。如果家族子弟打着他的旗号到处招摇撞骗，出了问题，谁负责？他担心的不是一己的荣辱，而是身居高位，身系国家命运与公众安危。兄弟虽同气连枝，但跟国家利益相比，孰轻孰重，自不待言。

在此，熊希龄重点还是教育弟弟们要区分义与利之间的界限，千万不能见利忘义。他作为家督，清醒地意识到。守礼守法是家族成员应该恪守的为人准则。尤其作为他的弟弟，更要注意凡事不逾矩，一言一行都需要顾及家族的荣辱，这是家庭敦睦和谐与繁荣稳定的基石。对于做不到的事情，比如，三弟来信所言杨翿人的款项求他想办法周全之事，他义正词严地加以拒绝，并非因钱财而置亲情于不顾，而是要弟弟们担起自己的责任，遇到困难想办法解决，不要滋生依赖思想。对于当今青少年来说，也是同样的道理。培养孩子独立自强的能力，就要多从具体的生活场入手，让他们学会对自己的行为负责，帮他们真正理解生活，形成健康的生活态度。

信中，弟弟提及想让侄儿来上海上大学，他持反对态度。年轻人心性不定，自控力不强，容易在繁华的上海大都市沾染不好的习气，进而迷失自我，可谓得不偿失。这样的关于求学的意见，对我们也颇具参考价值。孩子在成长的过程中，家长有责任引导和扶正，在大事选择上，该干预的必须进行干预，当然，前提是家长和孩子之间有冷静温和的沟通、密切的交流。毕竟，一个忽视孩子感受的家长，教育的效果总是要大打折扣的。

韶山毛氏

　　世间数百年旧家无非积德，天下第一等好事还是读书。古代中国上至治国安邦的帝王家训，下至普通百姓的家风传承，都围绕教育子孙立身处世，以荷家业而展开。颜之推《颜氏家训》、诸葛亮《诫子书》、朱用纯《朱子家训》等家训典籍流传甚广，成为规范后人行为的道德准则，家齐而国治。对一代伟人毛泽东起到潜移默化作用的《韶山毛氏家训》，人们却知之甚少，未能引起社会层面广泛的关注。

　　伟大寓于平凡之中，《韶山毛氏家训》存于毛氏族谱当中，是毛泽东先祖在脚踏实地、务实修身的日常生活中，记载下来的家教规矩与行事准则。毛氏家训口耳相传，并以简短、朴素的语言文字记录下来，润泽后人，直到今天，仍然具有当代现实价值，值得我们研读学习。

　　毛氏家族世居湖南湘潭韶山冲，据史料记载，自元至正元年（1341）始祖毛太华公发脉，至今已发展到了第二十三代，毛泽东属于第二十代。毛氏家族特别重视家庭教育，确立做人心底坦荡磊落、勤俭持家、睦亲爱邻等道德伦理基本准则，训诫家族弟子去浮华、笃根本，脚踏实地，努力成才。

西江月[1]
家训

一、培植心田

一生吃着不尽，只是半点心田。摸摸此处实无愆[2]，到处有人称羡。　　不看欺瞒等辈，将来堕海沉渊。吃斋念佛也徒然[3]，心好便膺[4]帝眷。

二、品行端正

从来人有三品[5]，持身端正为良。弄文侮法[6]有何长，但见天良尽丧。　　居心无少邪曲[7]，行事没些乖张[8]。光明俊伟子孙昌，莫作蛇神[9]伎俩[10]。

三、孝养父母

终身报答不尽，惟尔父母之恩。亲意欣欣子色温，便见一家孝顺。　　乌鸟尚知报本[11]，人子应念逮存。若还忤逆[12]悖天伦[13]，只恐将来雷震[14]。

四、友爱弟兄

兄弟分形连气[15]，天生羽翼是他。只因娶妇便参差[16]，弄出许多古怪。 酒饭交结异性，无端骨肉喧哗。莫为些小竞分家，百忍千秋佳话。

五、和睦乡邻

风俗何以近古，总在和族睦邻。三家五户要相亲，缓急大家帮衬[17]。 是非与他拆散，结好不啻朱陈[18]。莫恃[19]豪富莫欺贫，有事常相问讯。

六、教训子孙

子孙何为贤智，父母教训有方。朴归陇亩秀归庠[20]，不许闲游放荡。 雕琢方成美器，姑息[21]未为慈祥。教子须如窦十郎[22]，舐犊[23]养成无状[24]。

七、矜怜孤寡

天下穷民有四，孤寡最宜周全。儿雏母苦最堪怜，况复[25]加之贫贱。 寒则予以旧絮，饥则授之余馔[26]。积些阴德福无边，劝你行些方便。

238

八、婚姻随宜

儿女前生之债，也宜随分[27]还他。一时逞兴务繁华，曾见繁华品谢。　　韩侯方歌百两[28]，齐姜始咏六珈[29]。大家从俭莫从奢，彼此永称姻娅[30]。

九、奋志芸窗[31]

坐我明窗讲习，几曾挥汗荷锄。驱蚊呵冻[32]志无休，诵读不分昼夜。　　任他数伏数九[33]，我只索典披图[34]。桂花不上懒人头[35]，刻苦便居人右[36]。

十、勤劳本业

天下有本有末，还须务本为高。百般做作尽糠糟[37]，纵有便宜休讨。　　有田且勤尔业，一艺亦足自豪。栉[38]风沐雨莫辞劳，安用许多机巧。

注释

1 西江月：唐教坊曲名，后用为词牌名。

2 愆（qiān）：罪过，过失。

3 徒然：枉然，白白地不起作用。

4 膺（yīng）：原意指胸，这里意为接受。

5 三品：汉代大儒董仲舒提出人性有三个等级，即圣人之性、中民之性、斗筲（shāo）之性。

6 弄文侮法：玩弄文字游戏，扰乱法纪条文。

7 邪曲：不正直。

8 乖张：性情执拗，不讲情理。

9 蛇神：比喻邪恶的人。

10 伎俩：欺骗人的手段或花招。

11 乌鸟尚知报本：相传乌鸦是一种孝鸟，幼鸟长大后会觅食反哺母鸟，这里比喻为人子女对父母的孝心。

12 忤逆：违背，不顺从。

13 天伦：自然的伦常关系，如父子、兄弟等。

14 雷震：古人认为不孝是最大的罪行之一，雷神是惩罚罪恶之神，民间流传着各种不孝儿孙遭雷劈的故事。

15 分形连气：形容父母与子女关系十分密切。后亦用于兄弟间。

16 参差（cēncī）：长短、高低、大小不齐。这里引申为兄弟间不和睦。

17 帮衬：帮忙，帮助。

18 不啻朱陈：不啻，不仅仅。朱陈，古村名。唐代大诗人白居易《朱陈村》诗有"一村唯两姓，世世为婚姻。亲疏居有族，少长游有群"句。后以"朱陈"比喻相邻和睦相处。

19 恃：依仗。

20 朴归陇亩秀归庠（xiáng）：才能一般的子弟适宜在家务农，从事耕种，而才学优秀的弟子应该在学堂里积极进取，求得更大的发展。朴，引申为平凡；

秀，指优秀的人才；庠，古代学校的称谓。

21 姑息：指无原则地宽恕别人。

22 窦十郎：五代后周窦禹钧。他自幼好学，乐善好施，自己生活简朴却时时想到周济穷人。官至户部郎中，教子有方，后来五个儿子相继登科。王应麟著的《三字经》中有："窦燕山，有义方，教五子，名俱扬。"窦燕山便是指窦禹钧。

23 舐犊（shìdú）：比喻父母对子女的疼爱如老牛舐小牛一样深情。舐，舔；犊，小牛。

24 无状：指没有形状，比喻行为失检，没有礼貌，或指所行丑恶无善状。

25 况复：况，何况；复，又。

26 饘（zhān）：稠粥，泛指粥。

27 随分：按照本分。

28 韩侯方歌百两：出自《诗·大雅·韩奕》："韩侯取妻，汾王之甥，蹶（jué）父之子。韩侯迎止，于蹶之里。百两彭彭，八鸾锵锵，不（pī）显其光。"汾王，周厉王；蹶父，周的卿士；百两，百辆；鸾，通"銮"，挂在马镳上的铃，每车四马八銮；不，通"丕"，大。此指韩侯迎娶高门之女场面盛大。

29 齐姜始咏六珈：齐姜，春秋时候将齐国王室女子称为齐姜；六珈，古代贵族妇女发簪上所加的金玉饰物。这里指王公贵族子弟的婚礼奢华。

30 姻娅（yīnyà）：亲家和连襟，泛指姻亲。也作"姻亚"。

31 芸窗：书斋的别称。因内有驱虫之芸香，故称。

32 驱蚊呵冻：形容在艰苦的条件下坚持勤奋读书。呵冻，呵气取暖。

33 伏：夏至后第三个庚日为初伏，第四个庚日为中伏，立秋后第一个庚日为末伏，共三伏，为夏季最热的时间。九：指冬至后开始的九个九天，是一年中最寒冷的时节。

34 索典披图：指看书学习、钻研学问。索，寻找；披，翻阅。

35 桂花不上懒人头：意指不刻苦勤学便不能获取科名。古代以折桂比喻科举及第。

36 人右：获得尊贵的社会地位，成为人上人。古代以右为尊。

37 糠糟：比喻粗食。糠，谷皮；糟，酒渣。

38 栉（zhì）风沐雨：以风梳发，以雨洗头，形容不避风雨，奔波劳碌。

解读

摒弃浮华，勤俭持家

毛氏家训内容共十则，包括隐恶扬善、孝养父母、兄友弟恭、与邻为善、矜怜孤寡、勤劳持家、发奋读书等诸多方面，每则都有精辟的论述，旨在端正儿孙的心性，教育他们堂堂正正做人，坦坦荡荡行事，无愧于心。

品行修养是一个人立身处世的基石，做人德善先行、待人以诚不仅是人格操守的第一准则，也应该是修身养德的恒久信念，更是关乎整个社会德行观建立的重大伦理工程。毛氏家训提出：做人要言行一致，不要阳奉阴违，这样才能获得福报。

这种朴实的与人为善的价值观，吸纳了佛家善恶终有轮回报应的思想，对子孙的改过迁善起到垂训作用，是一种特殊的家庭教育理论产物，不能与我们今天所说的封建迷信画等号，今人也不必苛责。

孝道是古人所提倡的人伦道德之基础，是做人的根本，"亲意欣欣子色温，便见一家孝顺"。这里所提倡的孝，不是单指给父母提供物质保障，而是体会父母养育之不易，进而培养对父母的感恩之心，对身边亲人的关爱之情。

毛氏先祖崇文重教，特别教育儿孙要以读书为根本。读书不仅可以增长知识，还可以使人明智，亦是养德的最好方式。毛氏先祖训诫子孙须勤奋好学，奋志芸窗："驱蚊呵冻无休，诵读不分昼夜。"在任何环境下，都不能荒废学业。

俭以养德。勤劳节俭是治家之本，勤劳才会务实不懈怠，节俭才能戒骄奢，不堕虚荣浮华。这彰显的是一种勤勉奋进的生活态度。"栉风沐雨莫辞劳，安用许多机巧。"摒弃浮华，衣食住行自己动手，而非通过投机取巧获得。无论时间过去多久，毛氏先祖所提倡的这些传统美德，对我们今人仍有启迪作用。

图书在版编目（CIP）数据

成事有道:湖湘家训里的精进法则/张四连编著. —长沙:
岳麓书社,2022.11

ISBN 978-7-5538-1654-8

Ⅰ.①成… Ⅱ.①张… Ⅲ.①教育思想—中国—文集
Ⅳ.①G40-092

中国版本图书馆 CIP 数据核字（2022）第 084146 号

CHENGSHI YOUDAO:HUXIANG JIAXUN LI DE JINGJIN FAZE

成事有道:湖湘家训里的精进法则

编　　著:张四连
出 版 人:崔　灿
责任编辑:陈文韬　陶嶒玲　曾　倩
责任校对:舒　舍
装帧设计:罗志义

岳麓书社出版发行

地址:湖南省长沙市爱民路 47 号
直销电话:0731-88804152　0731-88885616
邮编:410006

版次:2022 年 11 月第 1 版
印次:2022 年 11 月第 1 次印刷
开本:880mm×1230mm　1/32
印张:8.125
字数:210 千字
ISBN 978-7-5538-1654-8
定价:58.00 元

承印:长沙市宏发印刷有限公司
如有印装质量问题,请与本社印务部联系
电话:0731-88884129